JOYCE MEYER

SEGREDOS *para* UMA VIDA EXCEPCIONAL

TRANSFORME SEU MODO DE VIVER ATRAVÉS DO FRUTO DO ESPÍRITO

Belo Horizonte

Edição publicada mediante acordo com FaithWords, New York, New York. Todos os direitos reservados

Diretor
Lester Bello

Autora
Joyce Meyer

Título Original
Secrets To Exceptional Living

Tradução
Maria Lucia Godde / Idiomas & Cia

Revisão
Idiomas & Cia / Ana Lacerda,
Fernanda Silveira e Elizabeth Jany

Diagramação
Julio Fado
Ronald Machado (Direção de arte)

Design capa (adaptação)
Fernando Rezende
Ronald Machado (Direção de arte)

Impressão e Acabamento
Premmiumgraf Serviços Gráficos

BELLO PUBLICAÇÕES

Rua Vera Lúcia Pereira, 122
Bairro Goiânia - CEP 31.950-060
Belo Horizonte/MG - Brasil
contato@bellopublicacoes.com
www.bellopublicacoes.com.br

© 2002 por Joyce Meyer
Copyright desta edição
FaithWords
Hachette Book Group
New York, NY

Publicado pela
Bello Comércio e Publicações Ltda-ME
com a devida autorização de
Hachette Book Group e todos
os direitos reservados.

Primeira edição — Julho de 2013
2ª Reimpressão — Janeiro de 2014

Todos os direitos reservados. Nenhuma parte desta publicação poderá ser reproduzida, distribuída ou transmitida sob qualquer forma ou meio, ou armazenada em base de dados ou sistema de recuperação, sem a autorização prévia por escrito da editora.

Exceto em caso de indicação em contrário, todas as citações bíblicas foram extraídas da Bíblia Sagrada Nova Versão Internacional (NVI), 2000, Editora Vida. Outras versões utilizadas: AA (Almeida Atualizada, SBB), ABV (A Bíblia Viva, Mundo Cristão) ACRF (Almeida Corrigida e Revista Fiel, Sociedade Bíblica Trinitariana do Brasil). As versões AMP (*Amplified Bible*) e KJV (*King James Version*) foram traduzidas livremente do idioma inglês em função da inexistência de tradução no idioma português. A autora enfatizou algumas palavras nas citações bíblicas colocando-as em itálico. Os itálicos não constam nas versões bíblicas originais.

CIP-BRASIL. CATALOGAÇÃO NA FONTE

Meyer, Joyce

M612   Segredos para uma vida excepcional: transforme seu modo de viver através do fruto do espírito / Joyce Meyer; tradução de Maria Lucia Godde / Idiomas & Cia. – Belo Horizonte: Bello Publicações, 2014.
216p.
Título orignal: Secrets to excepional living

ISBN: 978-85-61721-96-I

1.Vida espiritual. 2. Auto ajuda – Aspectos religiosos
I. Título.

CDD: 241.4   CDU: 241.513

Sumário

Introdução: Um Modo Mais Excelente de Viver — **5**

Parte 1: Conhecidos pelo Nosso Fruto — **11**
1. O Bom Fruto Manterá Você Aonde Seus Dons o Levarem — **13**
2. Motivados pelos Nossos Dons — **19**
3. Motivado (até demais) pelos Dons — **25**
4. Dar Bom Fruto de Dentro para Fora — **31**
5. Inspecione o Fruto e Perceba o Engano — **37**
6. Frutos para os Bons Tempos e uma Reserva para os Outros Tempos — **49**

Parte 2 : Desenvolvendo o Fruto — **55**
7. Amor — Você o Tem Dentro de Você — **57**
8. Fidelidade — Não Desista Jamais — **69**
9. Bondade — Faça o Bem Aonde Quer que Você Vá — **83**
10. Paciência — Não Tenha Falta de Nada — **101**
11. Bondade — É Fácil Conviver com Ela — **119**
12. Paz — Precisamos Mantê-la — **133**
13. Humildade — Força sob Controle — **155**
14. Alegria — Você Pode Lidar com Qualquer Coisa Quando a Tem — **173**
15. Domínio Próprio — Fazendo as Escolhas Certas — **187**

Conclusão — **203**
Oração por um Relacionamento Pessoal com o Senhor — **204**
Notas Finais — **205**

Introdução

Um Modo Mais Excelente de Viver

Deus colocou à nossa disposição os meios para vivermos uma vida eficaz, realizadora, poderosa e gratificante. Preparar-nos adquirindo o conhecimento e o treinamento que precisamos para viver como desejamos certamente nos ajudará. Contudo, viver uma vida realmente excepcional, além do que podemos imaginar, vem de reconhecermos o que é importante na vida e mantermos o foco nisso. E Deus nos diz o que é importante na Sua Palavra.

É importante para Deus que desenvolvamos as qualidades da Sua natureza — que tenhamos mais amor, alegria e paz em nossa vida; mais paciência, bondade e benignidade; mais fidelidade, mansidão e domínio próprio — qualidades que a Bíblia chama de fruto do Espírito.[1] Essas qualidades do Espírito de Deus já estão dentro daqueles em quem o Seu Espírito vive, daqueles que aceitam Jesus Cristo como o único sacrifício aceitável pelos pecados e que se arrependem dos pecados e recebem Jesus como Salvador.

Como cristãos, muitos de nós oramos para que Deus se mova poderosamente através de nós para ajudar outros, e Deus quer que oremos assim. Ele nos disponibilizou *dons especiais de poder sobrenatural* que a Bíblia também chama de *dons espirituais*[2] para que os usemos com esse propósito.[3]

Introdução

Mas creio que a nossa prioridade número um deveria ser desenvolver o fruto do Espírito.

Durante os três primeiros anos de meu ministério, eu passava grande parte do meu tempo de oração pedindo a Deus para fazer com que esses dons especiais de poder sobrenatural operassem por meu intermédio. Pensava que para ser uma ministra poderosa, eu precisaria deles. E preciso. Todos nós precisamos deles. Mas eu não prestava muita atenção ao fruto do Espírito. Então, certo dia, o Senhor me trouxe a seguinte convicção: "Joyce, se você dedicasse ainda que fosse a metade da energia e do tempo que você gasta para orar pelos dons para orar pelo fruto do Espírito e tentar desenvolvê-lo, você já teria recebido os dois."

As mesmas passagens da Bíblia que nos dizem para desejarmos ardentemente os dons espirituais,[4] principalmente os maiores dons, também nos dizem que existe um caminho ainda mais excelente.[5] Esse caminho mais excelente é o amor.[6] O versículo seguinte nos mostra um exemplo de como os dons e o amor trabalham juntos.

E, Jesus, saindo, viu uma grande multidão, e possuído de íntima compaixão para com ela, curou os seus enfermos.

Mateus 14:14

Um dos *dons especiais de poder sobrenatural* que Deus disponibilizou para que usássemos é o dom de cura.[7] No exemplo mencionado, vemos primeiro em Jesus o fruto do Espírito, que é o "amor", em forma de compaixão, antes de vê-lo se mover no dom do Espírito da "cura". Primeiramente vemos o fruto, e depois o dom. O caminho mais excelente, o "amor", é o fruto do Espírito. O amor é o fruto de onde todos os outros derivam.[8] Quando o amor de Deus é o fundamento dos nossos atos, estamos representando-o bem porque Deus é amor.[9]

Jesus disse: "[...] toda árvore é reconhecida por seus frutos."[10] Uma boa árvore pode ser reconhecida por seu fruto, e isso se aplica tanto a nós quanto às árvores. Somos conhecidos pelo nosso fruto,[11] não pelos nossos dons. Somos conhecidos como seguidores de Jesus pelo nosso amor uns pelos outros,[12] e pelo nosso fruto Jesus é conhecido. Uma demonstração do fruto do Espírito, a natureza de Deus, é uma demonstração do caráter de Jesus Cristo. De acordo com 2 Coríntios 5:20 somos embaixadores de Deus, e Ele está fazendo o Seu apelo à humanidade por meio de nós, como crentes em Jesus Cristo. Essa é uma responsabilidade muito grande que devemos levar a sério.

> Quando o amor de Deus é o fundamento dos nossos atos, estamos representando-o bem porque Deus é amor.

Como um exemplo de como podemos afetar a vida de outra pessoa pela simplicidade do fruto do Espírito, quero citar as palavras de um cartão que Dave e eu recebemos.

Queridos Joyce e Dave,
Palavras não podem sequer começar a expressar as bênçãos que vocês me trouxeram por intermédio de Deus. Eu estava sempre estressada, preocupando-me com pequenas coisas e achando que Deus era uma coisa banal. Seus livros, fitas e, acima de tudo, estar junto de vocês dois e da sua família transformaram a minha vida!
As pessoas que trabalham com vocês no seu ministério são as pessoas mais maravilhosas, genuínas e amorosas que já conheci em toda a minha vida. Obrigada por me ajudarem a crescer espiritualmente!
D. L.

Agora, e se essa mulher tivesse lido meus livros e ouvido minhas fitas, mas quando passasse algum tempo na minha presença ficasse decepcionada com o meu comportamento? E se minha família ou eu tivéssemos sido rudes, grosseiros ou indelicados com ela? Não teríamos exercido uma influência positiva sobre ela; ela poderia ter até nos visto como hipócritas, e isso poderia ter prejudicado a obra de Jesus Cristo.

Todos querem ser amados, e Deus se faz conhecido por meio do Seu amor.[13] Por esse motivo, creio que nada é mais importante para o coração de Deus do que nos concentrarmos em expressar Seu amor a fim de atrairmos as pessoas para Jesus.

Introdução

As pessoas estão famintas, e estão procurando algo real. Quando provarem o fruto em nós e virem que ele é bom,[14] irão querer encontrar a Fonte desse fruto — a árvore da vida.[15] Elas estarão prontas para aceitar Jesus como o Caminho para criar um relacionamento pessoal e eterno com Deus[*] e para experimentar a vida abundante e excepcional na terra que Jesus veio para nos dar.[16]

Deus nos deu dons para ajudarmos as pessoas, e podemos usá-los até certo ponto sem termos desenvolvido o fruto. Quando comecei a ministrar, eu não havia desenvolvido muito o fruto ou não havia sequer pensado nisso, como mencionei antes. Eu tinha um dom muito forte de comunicação para ensinar e estava atuando no que eu havia sido chamada para fazer, mas praticamente sem fruto algum.

As pessoas podem ver os dons operando em nós, mas, na maior parte do tempo, elas olham mais de perto, inspecionando o nosso fruto para ver se ele é bom antes de se abrirem para receber de nós. Quando *mostramos* às pessoas que o que temos é real, *então* elas ouvirão o que dizemos e serão receptivas ao que o Espírito Santo quer lhes dar por nosso intermédio.

Você pode mostrar às pessoas que o que você tem (na verdade, *Quem* você tem), é real, reagindo com o bom fruto aos pequenos incidentes que acontecem na sua vida diária. Se alguém esbarrar em você no mercado, pisar no seu dedão ou até passar com o carrinho em cima do seu pé, aja com delicadeza. Aprenda a reagir com uma boa natureza, principalmente se você tem tendência a reagir com irritação ou raiva. Para transformar a situação em uma experiência agradável, você pode até rir da situação junto com a pessoa, que certamente não tinha a intenção de esbarrar em você, de pisar no seu pé ou mesmo de passar com o carrinho sobre ele! As pessoas podem ver Jesus em sua reação paciente, e até alegre, a algo tão pequeno assim.

Se alguém lhe der uma fechada no trânsito e quase tirá-lo da estrada, você pode usar o domínio próprio para orar pela pessoa em vez de reagir com raiva. Entretanto, se alguém tentar *deliberadamente* tirá-lo da estrada, você precisará tomar algum tipo de atitude além de simplesmente reagir com o fruto da paciência ou da bondade! Em um momento assim você

---

[*] Para aprender a conhecer Jesus e criar um relacionamento pessoal com Deus, veja a oração no fim deste livro.

precisa do fruto maduro da paz para manter a sua mente clara a fim de ouvir o Espírito Santo lhe dizer o que fazer. E você também pode precisar da intervenção dele para protegê-lo. Mas em circunstâncias normais, se você estiver decidido a reagir com gentileza todas as vezes que tiver uma oportunidade, manterá o caminho aberto para que as pessoas vejam e busquem a Fonte do amor que encontram em você.

A Bíblia diz que nós somos cartas de Cristo lidas por todos os homens. Somos as credenciais do ministério no qual crescemos.[17] Quando as pessoas veem o nosso bom fruto, como indivíduos e no nosso ministério junto com outros cristãos, elas ficam impressionadas com as nossas credenciais. Elas leem em nós a natureza da Pessoa a quem representamos: Jesus.

Aprendemos a desenvolver o fruto lendo e aplicando as orientações específicas que a Bíblia nos dá, e também buscando a Deus e orando. Mas já teremos começado a desenvolver o fruto como a nossa prioridade se simplesmente fizermos pequenas escolhas ao longo do dia que demonstram o fruto por meio das nossas ações.

Devemos sair para o mundo e deixar o Espírito Santo fluir por nosso intermédio para mostrar às pessoas o amor de Deus — a Sua paciência, bondade, benignidade e os outros frutos — e ajudá-las com os dons Dele. Quando estivermos consciente da importância que Deus dá ao fato de desenvolvermos o fruto do Seu Espírito, descobriremos que uma porta para a liberação dos nossos dons irá se escancarar.

Siga o caminho mais excelente do amor. Receba o amor de Deus e deixe que ele flua de você nas suas muitas formas e em poder para os outros. *Provem, e vejam como o Senhor é bom. Como é feliz o homem que nele se refugia!*[18] Aqueles que confiam no Senhor e se refugiam nele são felizes e afortunados, tão abençoados que devem ser invejados.[19] *E àqueles que buscam ao Senhor bem nenhum faltará.*[20]

Feliz, afortunado, abençoado, sem falta de bem algum — esses termos descrevem o tipo excepcional de vida que Deus quer que vivamos.

Parte 1

Conhecidos pelo Nosso Fruto

Capítulo 1

O Bom Fruto Manterá Você Aonde Seus Dons o Levarem

Muitas pessoas cujos dons as levam ao lugar que desejam não desenvolveram as qualidades que precisam para permanecerem ali. Ou elas podem ficar por algum tempo em certo nível onde os seus dons as levaram, mas nunca vão além disso.

Com o desenvolvimento das qualidades de caráter do fruto do Espírito, já presentes naqueles de nós que são cristãos, podemos avançar para o tipo de vida abençoada e excepcional que realmente desejamos. Quando nós, como cristãos, soubermos o que Deus tem disponível para nós e estivermos abertos para receber dele, o Seu Espírito nos dará o poder que precisamos para desenvolvermos os frutos e vivermos o tipo de vida que Deus quer para nós.[1]

Sou grata porque Deus não permitiu que os meus dons se expandissem até eu deixá-lo trabalhar comigo por alguns anos para desenvolver o fruto. Quando Deus me deu o ensino dos dons foi muito forte. Eu ensinava mais ou menos da mesma maneira que faço agora — anos depois. Meu dom me levou ao lugar no ministério que eu havia desejado, mas o meu ministério não estava se expandindo da maneira que eu queria porque eu não havia desenvolvido o fruto.

Capítulo 1

Deus nos dá diversos dons[2] para usarmos, mas Ele nos dá o fruto do Espírito para que venhamos a desenvolvê-los. Quando o Espírito Santo vive dentro de nós, temos tudo que Ele tem. O Seu fruto está em nós. A semente foi plantada. Para usar os dons da maneira mais poderosa que Deus deseja, precisamos permitir que a semente do fruto cresça e amadureça em nós, cultivando-a.

Podemos cultivar todos os frutos focando no amor, o primeiro da lista de nove frutos, e o domínio próprio, o último da lista. Amor e domínio próprio são como apoios de livros que seguram os outros livros no lugar. Todos os frutos derivam do amor e, na verdade, constituem um tipo de amor, mas são mantidos no lugar pelo domínio próprio.

Se você está se concentrando em desenvolver o fruto do amor, ao atravessar o seu dia você não ficará impaciente com as pessoas. Você não será outra coisa além de gentil. Você será bom para as pessoas, fiel e atencioso, em vez de ser arrogante ou de tentar parecer melhor que os outros.

Se você não é motivado pelo amor, descobrirá que agir de acordo com o fruto é muito difícil. Mas mesmo que você seja uma pessoa motivada a expressar o amor de Deus como um estilo de vida, haverá vezes (muitas vezes quando você começar a desenvolver o fruto) em que você não sentirá nenhuma vontade de ser paciente, gentil, alegre, pacífico ou mesmo bom! Esses são os momentos em que você precisa de domínio próprio para continuar a reagir com os frutos embora não sinta vontade.

> **Todos os frutos têm origem no amor e são mantidos em ação pelo domínio próprio.**

Se você precisa desenvolver o fruto do domínio próprio, comece simplesmente fazendo pequenas escolhas ao longo do dia para reagir com o fruto do Espírito a situações que encontrar, como mencionei anteriormente. Muito em breve você terá formado um hábito. Nessa fase, a semente do domínio próprio terá crescido e se tornado uma pequena planta.

Quando tiver formado o hábito, você não será pego de surpresa tão facilmente como quando começou a desenvolver o domínio próprio. Quando você está nessa primeira fase de desenvolvimento, pode estar andando no supermercado pensando que tudo está ótimo. Você pode estar de bom humor, pensando em como não tem problemas e como tudo é maravilhoso. Então, de repente, algo sem importância acontece. Alguém esbarra em você, pisa no seu dedão, passa com o carrinho em cima do seu pé ou comete algum outro erro humano. E como o fruto em você ainda não está maduro, você reage com raiva ou impaciência, em vez de optar por reagir amavelmente, com paciência e talvez até com alegria, rindo com a pessoa por causa do incidente. Mas não se desespere: quanto mais você praticar a demonstração do fruto, mais maduro ele se tornará. A princípio você terá realmente de se controlar, mas com o passar do tempo será muito natural reagir da maneira que Jesus reagiria em uma situação semelhante.

Talvez você pense: *De onde veio isso? Pensei que eu fosse amável e delicado.* Às vezes pensamos que já temos o fruto do Espírito plenamente desenvolvido em nós simplesmente porque somos cristãos. Mas quando somos apanhados de surpresa, ou o nosso fruto é "apertado", descobrimos quanto o fruto em nós ainda está subdesenvolvido. Esses incidentes são testes que, na verdade, são muito bons para nós porque nos ajudam a conhecer as áreas em que somos fracos e ainda precisamos crescer.

FRUTOS DO TAMANHO DE SEMENTES PRODUZEM MINISTÉRIOS DE PEQUENO ALCANCE

Quando comecei a ministrar no meu dom, os frutos em mim definitivamente ainda estavam na fase da semente! E eu segui assim por muitos anos.

Durante cinco anos, ministrei um estudo bíblico semanal na minha casa, na sala de visitas, para um pequeno grupo de trinta pessoas. Quando ensinava, eu usava shorts curtos, os mais curtos que eu conseguisse encontrar. E fumava — um cigarro atrás do outro. Eu me sentava ali, na minha sala de visitas, soprando fumaça no rosto de todos, a noite inteira, enquanto ensinava a Bíblia!

Eu não me preocupava de modo algum com os sentimentos dos convidados. Nem sequer me ocorria que o meu hábito de fumar poderia deixá-los desconfortáveis ou fazer com que eles me julgassem negativamente. Há muitos hábitos que podem ser prejudiciais ao nosso testemu-

Capítulo 1

nho cristão e não acho que o fumo seja pior que muitos outros, mas devemos optar por não fazer coisas que são prejudiciais à nossa saúde e à saúde dos outros. Usar *shorts* curtos naquele tipo de atmosfera não era uma escolha sábia também, mas naquela época de minha vida eu simplesmente fazia o que tinha vontade de fazer sem sequer levar em consideração como isso poderia afetar as outras pessoas ao meu redor. Mas o amor teria feito escolhas diferentes. Ele teria escolhido sabiamente fazer coisas que não fossem escandalizar ninguém.

Você deve estar se perguntando como ou por que Deus me usaria para ensinar a Sua Palavra quando o meu comportamento era tão imaturo, e certamente posso entender porque você faria isso. A única resposta que posso dar é que Deus não apenas vê onde estamos agora, mas Ele também vê de onde viemos e onde vamos terminar. Ele sabia que o meu coração para com Ele era reto embora o meu comportamento fosse muito pouco sábio. Ele me deu tempo para mudar, e sou grata por isso.

As pessoas compareciam ao estudo bíblico porque a unção de Deus estava presente, e não porque eu já fosse aperfeiçoada naquela época. A maioria tinha os mesmos problemas que eu, e estávamos tentando aprender juntos. Depois que alguns meses se passaram, comecei a reconhecer que o Espírito Santo estava tratando comigo para que eu me vestisse de modo diferente e parasse de fumar, além de fazer muitas outras mudanças no meu estilo de vida. Não foi fácil fazer essas mudanças, mas o meu amor por Jesus me ajudou a avançar em meio aos tempos difíceis de disciplina.

Algumas pessoas que estão lendo este livro poderão dizer: "Bem, então por que eu tenho de mudar se Deus usou você daquele jeito, quando você ainda tinha todos aqueles problemas?"

Se eu não tivesse permitido que Deus me transformasse trabalhando com Ele para desenvolver o fruto do domínio próprio em muitas áreas, eu ainda estaria sentada no chão da minha sala de visitas ministrando para vinte e cinco ou trinta pessoas — ou apenas para uma ou duas que tivessem ficado comigo por lealdade. Se eu não tivesse permitido que Deus me transformasse e me preparasse para realizar o Seu plano para mim, eu não teria passado à minha posição atual no ministério. Falo para grandes grupos de pessoas em diversas conferências de ensino regularmente, e também sou capaz de alcançar pessoas com o amor de Deus e com a Sua Palavra

O Bom Fruto Manterá Você Aonde Seus Dons o Levarem

por meio de uma série de diferentes recursos evangelísticos do Ministério Joyce Meyer em todo o mundo. Somos abençoados ao ouvir testemunhos de pessoas que nos contam como Deus usou nosso ministério para lhes trazer cura ou transformar suas vidas de outras maneiras.

Sim, Deus nos permitirá atuar em determinado nível no ministério antes de permitirmos que Ele comece a desenvolver essa semente do fruto do Espírito em nós, mas Ele não nos "soltará no mundo" até que amadureçamos um pouco. Não o representaremos com precisão até começarmos a amadurecer e a refletir o Seu caráter cada vez mais! E à medida que desenvolvemos o fruto, aprendemos a extrair mais de Deus para lidar com as responsabilidades crescentes que Ele nos dá enquanto estamos a caminho de viver uma vida mais excepcional.

Capítulo 2

Motivados Pelos Nossos Dons

Muitos dos exemplos da minha vida citados neste livro estão relacionados ao ministério público, pelo simples fato de que é isso que Deus me chamou para fazer. Mas em todas as áreas algumas pessoas muito capazes que acreditam que foram chamadas para fazer certas coisas ficam frustradas porque acham que não têm uma porta aberta para usarem as suas habilidades. Quando elas se lançam em uma área, nada dá certo.

Existem muitas razões pelas quais as coisas nem sempre funcionam da maneira que desejamos. Por exemplo, o tempo de Deus não é o nosso tempo porque Ele sabe mais sobre as situações do que nós. Mas, às vezes, como no meu caso, o motivo é simplesmente porque a pessoa não desenvolveu nenhum fruto.

A algumas pessoas são ensinados certos traços bons de caráter como parte da sua criação; essas são características naturais e não são da mesma qualidade dos frutos do Espírito dos quais estou falando. Para ser sincera, algumas pessoas, embora não sejam crentes em Jesus Cristo, podem ser naturalmente boas ou fáceis de conviver; entretanto, isso é raro, e sempre tem seus limites. Deus não tem limites; pelo Seu poder e pela Sua capacidade podemos até aprender a ser bondosos com os nossos inimigos, o que é um exemplo de uma vida excepcional — é além do normal; é algo raro.

Capítulo 2

Quando criança, não me ensinaram muitos traços bons de caráter; os exemplos que tive eram uma má influência e não uma boa influência. O Espírito Santo começou a me ensinar quando aceitei Jesus como meu Salvador e nunca parou desde aquele tempo. Ainda tenho muito a aprender, mas também já fiz muito progresso.

MOTIVADOS A AVANÇAR ATÉ A LINHA DE CHEGADA

Eu realmente costumava me perguntar por que Deus dá dons a pessoas imaturas. Certo dia, perguntei a Ele: "Por que cargas d'água o Senhor faz isso?" Assim que perguntei, Deus trouxe a resposta ao meu coração. Se Ele não tivesse colocado aquele dom e chamado em mim, eu nunca teria sido motivada a avançar até à linha de chegada. A maioria de nós tem um desejo tão intenso de usar os dons que eles mesmos nos motivam a fazer o que quer que Deus nos diga para fazer para podermos usá-los. Uma vez que Deus me encheu com certos dons, eu faria qualquer coisa que entendesse que Deus queria que eu fizesse para usá-los e cumprir esse chamado. E isso incluía desenvolver o fruto do Espírito!

Se, como uma cristã imatura, eu já não tivesse o dom da comunicação em mim para começar a pregar e ensinar a Bíblia, eu não saberia o que fazer — qual seria a minha parte no corpo de Cristo?[1] E já que Deus coloca dons em pessoas imaturas, essas pessoas cometem muitos erros enquanto crescem no conhecimento dele e desenvolvem o Seu fruto, assim como bebês que usam fraldas fazem muita coisa errada a caminho da maturidade.

DIFERENTES DONS TRABALHAM JUNTOS PARA O BEM COMUM

O Espírito Santo opera diferentes dons em pessoas diferentes para realizar certos propósitos.[2]

Deus dá certos dons a pessoas, que funcionam como diferentes papéis para cumprir, a fim de que elas ajudem outras a crescer. Esses dons de ministério são variados com o objetivo de ajudar o corpo de crentes a crescer e a trabalhar juntos realizando a obra de Deus.[3] Entre esses papéis, alguns são de *apóstolos (mensageiros especiais)*; outros são *profetas (pregadores e expositores inspirados)*; outros são *evangelistas (pregadores do Evangelho, missionários viajantes)*; outros, *pastores (pastores do Seu rebanho)*; alguns são *mestres*.[4] A Bíblia também menciona dons de administração, de socorro, de contribuição, de exortação, de música e muitos outros.

Quer os dons sejam os papéis que ocupamos para ajudar outros cristãos a crescer[5] ou os dons especiais de energia sobrenatural operando através de nós relacionados em I Coríntios 12,[6] eles nos são dados para que o Espírito Santo os manifeste juntos, ministrando *para o benefício de todos*.[7]

> O Espírito Santo opera diferentes dons em pessoas diferentes para realizar certos propósitos.

RECEBA A BÊNÇÃO DO DOM DE OUTRA PESSOA

Deus também nos deu diferentes dons naturais para nos ajudar a ministrar. E descobriremos que exercê-los é realizador. Se passarmos o nosso tempo desejando um dom que não temos, principalmente se tentarmos exercer um dom que não temos, descobriremos que essa é uma experiência frustrante. E muitas pessoas passam a vida inteira fazendo exatamente isso!

Eu costumava desejar de todo o meu coração poder cantar. Na verdade, eu ficava bastante irritada por não poder cantar! Via outros pregadores que podiam pregar e cantar — alguns conseguiam até tocar instrumentos também. Eu achava que seria a coisa mais maravilhosa poder pregar por algum tempo, entrar no meio da congregação e cantar um cântico do Senhor para alguém, depois voltar para o púlpito e pregar um pouco mais, e depois de algum tempo, parar e dirigir alguns cânticos de louvor ao Senhor.

Certa vez, quando eu estava pensando sobre isso, o Senhor me trouxe esta convicção: "Você realmente amaria poder fazer tudo. Então você não precisaria de ninguém. E foi exatamente por isso que Eu não lhe dei tudo!"

Precisamos fazer o que Deus nos deu para fazer, e deixar que Ele use outras pessoas para fazer o que Ele quer que *elas* façam![8]

Capítulo 2

Eu costumava ficar arrasada querendo ter um dom como o que uma amiga tinha, enquanto Deus havia colocado aquele dom nela para beneficiar outros, inclusive eu! Essa amiga, que costumava viajar conosco, tem uma linda voz para cantar. Ela tem uma daquelas vozes altas de soprano que soam como se ecoasse até à estratosfera quando alcança notas altas. Eu costumava realmente gostar de ouvi-la cantar. Certo dia, quando eu estava pensando, *Oh, Deus, eu amaria poder cantar assim...* O Senhor me disse: "Enquanto você desejar o que ela tem, não poderá desfrutar o que Eu coloquei nela para você como um dom."

Nós nos privamos de desfrutar plenamente a bênção do dom que Deus colocou em outra pessoa para nosso benefício — para nos edificar — quando nos concentramos em querer um dom como aquele para nós mesmos! E não apenas isso, quando queremos algo que não temos, podemos ficar descontentes. Uma pessoa decepcionada, que anda por aí com uma atitude negativa o tempo todo, não dá bons frutos.

Se estivermos insatisfeitos com os dons que Deus nos deu, não nos dedicaremos completamente a crescer neles. Perderemos a satisfação que Deus deseja que encontremos em ministrar com outros enquanto o Espírito Santo manifesta os nossos dons variados em conjunto para o bem comum, para o cumprimento do propósito de Deus.

OBRAS DA CARNE IMPEDEM O NOSSO CRESCIMENTO!

Inveja e ciúme são obras da carne, e não frutos do Espírito.[9] As obras da carne nos impedem de andar no ritmo do Espírito e de crescer e demonstrar o Seu fruto.[10] Em lugar de cobiçar o dom da minha amiga, eu poderia tê-lo apreciado. Poderia ter expressado a minha gratidão a Deus por me abençoar com aquele dom colocado na vida dela. Depois, renovada pelo dom de minha amiga como Deus pretendia, eu poderia ter voltado a me concentrar totalmente em desenvolver os dons que Deus me deu.

SEU DOM TEM UM PROPÓSITO

João Batista veio para dizer às pessoas que preparassem o caminho para o Senhor.[11] Esse foi o seu propósito na terra, e ele sabia disso. Mas os discípulos de João estavam tentando incitá-lo a ter inveja do ministério de Jesus! Eles disseram: "Ele [Jesus] *está batizando, e todos estão se dirigindo a Ele.*"[12]

João respondeu-lhes dizendo, basicamente: "Se Jesus está fazendo isso, então Deus o ungiu para fazê-lo, e é hora de Ele fazer isso. E se o meu tempo terminou, então terminou!" (João não tinha problema com a inveja!) "*Uma pessoa só pode receber o que lhe é dado dos céus.*"[13]

O céu é a única fonte dos dons. Se Deus não lhe der outro dom, você não o terá. Então, se o seu dom é contribuir,[14] contribua, e faça isso com singeleza de mente, liberalidade e zelo. Se o seu dom é socorrer,[15] então ajude alguém! Você pode muito bem estar contente e desfrutar o dom que tem. Depois de decidir estar contente e se entregar ao seu dom completamente, você descobrirá que gosta de usá-lo. E esse prazer crescerá à medida que você continuar a usar e desenvolver esse dom. É muito importante descobrir qual é o seu dom e usá-lo — entregar-se a ele.[16]

O objetivo das pessoas que são maduras no fruto é se encaixar no lugar com os outros membros do corpo ou da equipe a fim de cooperarem para o bem comum. Os cristãos maduros sabem que fidelidade gera bênçãos[17] e que Deus é Aquele que os promove.[18] As pessoas que amadurecem no fruto são bons membros de equipe, são fáceis de trabalhar e são funcionários valiosos. As pessoas que têm essas qualidades descobrem que seus supervisores muitas vezes querem promovê-las. Existem muitas boas razões para desenvolvermos o fruto do Espírito!

Capítulo 3

Motivado (até demais) Pelos Dons

Muitos cristãos novos, com frutos ainda imaturos e um coração puro cheio do amor de Deus, aplicam o seu entusiasmo em aprender como desenvolver o seu fruto e servir bem ao Senhor. Os cristãos imaturos começam espiritualmente do mesmo modo como os bebês fazem fisicamente a caminho do crescimento. Eles precisam ter suas fraldas trocadas; e quando caem enquanto estão aprendendo a andar, precisam de ajuda para ficar de pé novamente. Cometem uma quantidade normal de erros, dão uma série de passos inseguros enquanto crescem; mas depois de algum tempo, eles deixam as fraldas e estão firmes sobre seus pés. Eles ainda precisam de ajuda ao longo do caminho, inclusive da direção do Espírito Santo e dos crentes por meio dos quais o Senhor pode escolher trabalhar enquanto continuam a crescer, mas eles vão desenvolver o fruto até chegarem à maturidade.

Alguns cristãos imaturos cometem ainda outros erros e levam mais tombos do que precisam! Outros passam anos na fase das fraldas e aprendendo a andar! Mas outros, em seu entusiasmo e na tentativa precoce de usar os dons, nem sempre entendem o seu propósito. Eles podem agir com a motivação errada — serem mais bem-vistos ou se sentirem mais importantes do que as outras pessoas.

Capítulo 3

O apóstolo Paulo estava tratando de uma situação semelhante quando disse para não sermos ignorantes em relação aos dons espirituais.[1] Uma de suas afirmações sobre os dons foi a seguinte: "Não sejam ignorantes quanto ao propósito deles." As pessoas estavam atuando nos dons — com zelo.[2] Mas Paulo deve ter visto que algumas pessoas não estavam cientes do motivo de tudo aquilo. Pessoas podem ter tentando profetizar mais alto que outras para parecerem mais espirituais, por exemplo. Paulo instruiu-as a redirecionar esse zelo na direção de buscarem se destacar de uma maneira que edificasse a igreja.[3] Ele estava dizendo: "Ei, vocês estão deixando passar o ponto mais importante da questão! Deus nos deu os dons para o bem e o proveito de todos, não para os usarmos para tentar parecer mais espirituais!"

Uma das maneiras como os cristãos amadurecem e são guiados ao longo do caminho é com as pessoas preenchendo os papéis dos dons ministeriais no seu corpo de crentes, como vimos.[4] Descobri que os cristãos que não trabalharam no processo de desenvolverem o fruto antes de entrarem em outro grupo — uma igreja, um ministério ou outra organização — são problemáticos e perigosos.

Por causa dos seus dons, os cristãos imaturos às vezes ficam cheios de orgulho[5] e querem ser usados somente de determinadas maneiras. Em vez de entrarem em determinado grupo com uma atitude de servir, eles costumam descrever todos os seus dons maravilhosos, a quantidade de coisas que eles querem fazer e os papéis que eles devem exercer. Esse tipo de comportamento realmente faz com que os líderes se aborreçam muito depressa. Esses líderes sabem que teriam muitos problemas de administração provocados por essas pessoas que não desenvolveram frutos suficientes para se comportarem de maneira adequada nesses papéis.

Em vez de se encaixarem e contribuírem com a sua parte para realizar o trabalho que Deus tem para aquela parte do corpo (ou o objetivo comum em qualquer situação), os cristãos imaturos querem atrair a atenção para si mesmos. Geralmente são pessoas com quem é difícil se trabalhar, e podem atrapalhar a eficácia de um ministério, perturbando outras pessoas e o fluxo do trabalho.

Esses cristãos imaturos estão agindo com base na primeira parte do versículo bíblico que nos diz para *desejarmos ardentemente e cultivarmos com zelo os melhores dons,* mas sem a motivação de amor a que Paulo se referiu na sua declaração, na segunda parte do versículo: *"Passo agora a mostrar-lhes um caminho mais excelente."*[6] Quando as pessoas querem usar os dons para as próprias razões em vez de os usarem movidas por um desejo de mostrar o amor de Deus e ajudar as pessoas, elas geram problemas e criam contendas.

Por maior que o dom de uma pessoa seja, ela não poderá estar ou permanecer em uma posição que lhe permita usar esse dom sem antes ter desenvolvido o fruto.

EM VEZ DE TOCAR A SUA TROMBETA, DESENVOLVA OS FRUTOS

Se eu contrato alguém que dentro de uma semana ou duas começa a me dizer o quanto é maravilhoso, é possível que eu o faça ficar cozinhando em banho-maria por algum tempo, até que ele trate com o seu problema de orgulho. No meu ministério, essas pessoas não serão promovidas até que verifiquemos os seus frutos. Elas precisam ser contidas um pouco, mas isso não significa que elas não tenham dons. O ponto que quero deixar claro neste livro é que os nossos dons não valem um centavo sequer se não desenvolvermos os frutos.

Às vezes as pessoas me procuram em uma conferência e me dizem que Deus as enviou para ministrarem a mim. Elas me dizem que devem se envolver com o meu ministério e que sabem que Deus as usará para serem uma enorme bênção para a minha vida. Digo a cada uma delas: "Tudo bem, então comece a vir às minhas reuniões e sente-se conosco durante algum tempo para se aprofundar na Palavra."

Depois que digo isso, geralmente fico sabendo imediatamente se elas realmente ouviram a voz de Deus e têm maturidade para fazer o que estão dizendo que devem fazer. A resposta delas geralmente é algo do tipo: "Oh, bem, não, não é isso que Deus quer que eu faça. Deus quer que eu trabalhe na sua equipe e esteja próximo de você. Eu devo fazer coisas pessoalmente para você e estar com você." Ao imaginar que ouviram uma palavra do Senhor de que eu devo fazer o que me dizem, essas pessoas ficam ofendidas por eu não fazer imediatamente o que elas dizem. E pensam que sou eu que não estou ouvindo a voz de Deus, e não elas.

Capítulo 3

> **Os nossos dons não valem um centavo sequer se não desenvolvermos os frutos.**

Cristãos maduros com a intenção correta não se ofendem com a minha resposta. Eles sabem por que eu preciso tomar essa posição. Eu não os traria para a minha vida, não começaria a fazer todas as refeições com eles nem lhes daria uma alta posição na minha equipe sem conhecê-los, sem verificar o fruto que demonstram ou sem receber confirmação de Deus de que o que eles me disseram é verdade. Eles concordariam com a minha reação e deixariam que Deus os promovesse em vez de tentarem se promover.

Eu não teria nenhum bom senso e não estaria usando a sabedoria de Deus se deixasse que todos que me dizem que devem se envolver comigo, entrassem na minha vida pessoal sem observá-los por algum tempo e verificar o fruto em suas vidas. Se eu estiver procurando alguém para ocupar esse tipo de posição-chave no meu ministério, principalmente se eu for estar bastante envolvida com essa pessoa, faço todo tipo de perguntas, examino seu currículo, seu histórico e suas recomendações. Depois costumo colocá-la em alguma outra posição na organização por algum tempo para testá-la, vendo como ela se comporta.

Procuro descobrir se ela está andando em amor. Certifico-me de que ela tem paz e alegria. Procuro a estabilidade — saber se ela tem o controle das suas emoções. Observo para ver como ela se comporta quando tem provações pessoais ou quando eu a corrijo ou digo não para algo que ela deseja. Observo como ela lida com os conflitos quando eles acontecem no ministério. Ela se une e participa do problema ou se posiciona contra o conflito e resiste a ele?

Quando encontro alguém que passa em todos esses testes, é como encontrar uma barra de ouro. Existem muitas pessoas atualmente que parecem ser cristãs maduras e que não são. Mas também existem muitos cristãos maduros maravilhosos que são dedicados a servir aos propósitos de Deus. Para reconhecê-los precisamos saber que é necessário julgar os frutos das pessoas e como fazer isso.

Algumas pessoas pensam que precisam tocar a própria trombeta. Elas não precisam fazer isso — só precisam desenvolver o seu fruto. A árvore é conhecida, reconhecida e julgada pelos seus frutos.

Uma laranjeira não precisaria ficar anunciando sem parar: "Sou uma laranjeira; sou uma laranjeira; olhem para mim — sou uma laranjeira!" Ao ver uma laranjeira, você conhece o tipo de árvore que ela é pelo seu fruto. Se a árvore está produzindo laranjas, é uma laranjeira!

OS MELHORES DONS

O cristão imaturo também não entende a razão pela qual alguns dons são melhores que outros. Quando consideramos que o amor de Deus é o fundamento para nós nos movermos nos dons e que o Espírito Santo manifesta os dons para o bem comum, em benefício de todos, podemos começar a ver por que alguns dons espirituais são descritos como melhores. Em outra passagem bíblica na qual Paulo nos incentiva novamente a buscar o amor ao desejarmos os dons espirituais, ele começa a falar de um dom maior: *"Sigam o caminho do amor e busquem com dedicação os **dons espirituais**, principalmente o dom de profecia."*[7]

Paulo está tratando de um ambiente específico para a operação desse dom — quando a igreja está reunida. Pelo fato de que tudo deve ser feito para a edificação[8] — feito de uma maneira que edifique a igreja — um dom maior em um ambiente de grupo seria um que edificasse a maior quantidade de pessoas. Dos dons, a profecia traria o maior benefício — para o bem comum, o proveito de todos — para muitas pessoas em uma assembleia. Nesse contexto, Paulo diz que alguém que profetiza é maior que alguém que fala em línguas, a não ser que também interprete *"para que a igreja seja edificada"*.[9]

Se um cristão imaturo motivado pelo desejo de parecer espiritual estiver falando em línguas em um grupo sem que ninguém interprete, as pessoas que não estiverem familiarizadas com os dons — pessoas desinformadas ou não crentes — não saberão o que está acontecendo. Elas certamente não serão edificadas. Não apenas não entenderão o que o crente está dizendo, como provavelmente dirão que a pessoa está fora de si![10] As pessoas não se impressionam com esse tipo de comportamento; elas ficam

Capítulo 3

impressionadas quando um cristão lhes oferece algo da parte de Deus movido por um coração cheio de amor.

Embora Paulo desejasse que todos falassem em línguas[11] e tenha dito que falava mais em línguas do que todos,[12] sua motivação era lhes ensinar qual dom devia ser desejado nessa situação — um dom que teria maior benefício para o bem comum. Quando a igreja está reunida, a profecia beneficiará mais as pessoas do que o falar em línguas, a não ser que haja interpretação,[13] porque *"quem fala em língua a si mesmo se* **edifica***, mas quem* **profetiza** *edifica a* **igreja***"*.[14] Ninguém, a não ser a pessoa que fala em línguas, será edificado, a não ser que a língua seja interpretada, porque ninguém entenderá o que está sendo dito. A pessoa está falando a Deus, e não ao homem.[15]

Se a língua for interpretada, então a igreja será edificada. Mas quando alguém profetiza em uma reunião coletiva, todos podem ser edificados porque todos entendem o que a pessoa está dizendo. Até as pessoas que não entendem o que são os dons espirituais serão capazes de receber ministração por meio desse dom. A Bíblia diz em I Coríntios 14:3 que a profecia sempre fala aos homens para edificação, exortação e consolo.[16] Profetizar é para a edificação e para o progresso espiritual construtivo, para fortalecimento, encorajamento e consolo.[17]

A motivação de Deus em dar os dons é o amor. Por amor, Ele disponibiliza os dons para ajudar as pessoas. Esse é o *caminho mais excelente*. Como vimos, desejar ardentemente os melhores dons para parecer mais espiritual que as outras pessoas não é o caminho mais excelente.

> **Por amor, Deus disponibiliza os dons para ajudar as pessoas.**

Quando nós, como cristãos maduros, somos motivados por intermédio do amor de Deus a ajudar as pessoas, somos movidos a usar os dons para cumprir o propósito de Deus. Com a compaixão de podermos ajudar as pessoas de uma maneira poderosa, queremos que o Espírito Santo ministre os dons através de nós para o aperfeiçoamento, o progresso e a alegria de outros. E desejamos ardentemente que um dom específico opere através de nós e atenda melhor a necessidade de alguém naquele momento.

Capítulo 4

Dar Bom Fruto
de Dentro para Fora

Ser o mesmo tipo de cristãos interiormente que somos aparentemente, por fora, é algo sério. Muitas pessoas estão buscando a Deus hoje, e existem muitos ensinamentos sobre como encontrá-lo que parecem certos. As pessoas podem decidir seguir um deles sem perceber que não encontraram o Único Deus Verdadeiro. Quando as pessoas forem atraídas pelos nossos frutos, precisaremos nos certificar de que eles tenham o gosto tão bom quanto a sua aparência. Então, quando as pessoas os arrancarem, elas verão Jesus em nós. Poderemos apresentá-lo, a única esperança de salvação para elas, como o único caminho verdadeiro para Deus.

O FRUTO QUE PARECE BOM, MAS É MAU

Na sociedade de hoje, em que se dá tanta importância à aparência das coisas, existem muitas pessoas que têm frutos que parecem ser bons, mas na verdade são maus. Certa vez vi algumas laranjas grandes e bonitas no mercado, e decidi comprar uma. Pelo preço, eu sabia que aquela laranja deveria ter um gosto tão bom quanto a sua aparência e que ela me satisfaria. Ela parecia uma refeição completa, e eu estava com fome. Pensei: *Esta é a laranja mais linda que já vi, e vou pagar o preço para tê-la!*

Capítulo 4

Quando saí do meu carro, descasquei aquela coisa linda e a mordi. Ela era totalmente seca e sem gosto. A parte interna era exatamente o oposto do que eu esperava. Pensei: *E eu paguei um dólar por isto?*

Recuso-me a ser uma cristã seca por dentro e lustrosa e linda por fora, que atrai as pessoas com um fruto de boa aparência, mas só tem um vazio seco, velho e sem gosto para dar quando elas tentam colhê-lo. Sei disso porque já fui como essa laranja sem gosto.

O FRUTO QUE PARECE BOM, MAS É IMATURO

Eu já era cristã havia muito tempo quando Deus me trouxe a convicção de que eu deveria concentrar minha energia em desenvolver o fruto do Espírito. Antes disso, eu não fazia ideia da importância da vida interior de um cristão. Eu pensava que o importante era que minha família *parecesse* ser uma família cristã apropriada. Estava totalmente envolvida com isso. Meu marido Dave era presbítero da igreja. Eu fazia parte da diretoria da igreja. Nossos filhos frequentavam escolas cristãs. Nossa vida social girava em torno da igreja. Tínhamos adesivos cristãos em nossos carros. Eu usava um broche escrito "Jesus", carregava minha Bíblia por toda parte e ouvia gravações de mensagens — todos os sinais de identificação externos possíveis. Entrávamos na igreja parecendo a família-modelo, cheia de alegria e paz. Mas antes de entrarmos na igreja, havíamos passado a manhã em caos total!

Tudo de mau que podia acontecer, geralmente acontecia no domingo de manhã, antes de irmos à igreja. Alguém sempre perdia alguma coisa. Uma das crianças derramava algo no café da manhã ou ficava irritada com alguma coisa e começava a dar um chilique. Eu gritava com Dave e o culpava por nos atrasar porque achava que ele devia estar me ajudando mais. Então Dave e eu começávamos a discutir e a brigar durante todo o trajeto até à igreja. Mas quando chegávamos ao estacionamento e começávamos a andar em direção à porta da frente, tirávamos da bolsa nossa máscara de igreja "felizes e pacíficos", a colávamos em nosso rosto e entrávamos dizendo às pessoas: "Glória a Deus! Aleluia! Como vai? Estamos muito bem." Durante um culto, lembro que estava ao lado de Dave e enquanto eu cantava docemente os cânticos de louvor ao Senhor com ele, eu pensava: *Se Dave pensa que vou cozinhar qualquer coisa para ele hoje, ele não perde por esperar!*

Dar Bom Fruto de Dentro para Fora

Anos depois, entendi que quando todo esse tumulto acontece, é Satanás tentando irritar a família inteira para tirar a nossa paz. Ele tenta nos irritar antes de irmos para um culto para nos impedir de ouvir e receber de Deus. E muitas pessoas se identificam com esse tipo de experiência! Mas naquela época eu fazia com que as coisas se tornassem tão difíceis quanto possível, comportando-me com base em um estado de total imaturidade espiritual e lançando maus frutos por todos os lados em meio a tudo aquilo.

Deus vê o nosso coração[1] e não se impressiona com o nosso fingimento enquanto o nosso coração está longe dele. Em Isaías 29:13 o Senhor fala de pessoas cuja adoração é inútil porque elas o adoram com os lábios, enquanto seu coração está longe dele. Com o tempo, tive de olhar para a atitude do meu coração, e não apenas para as minhas atitudes externas. Deus acaba exigindo isso de cada um de nós, em algum momento. Precisamos ser honestos com nós mesmos e com Deus, caso contrário não continuaremos a crescer como crentes.

O FRUTO QUE PARECE BOM E É BOM

O que me fez estar disposta a permitir que Deus me transformasse e me levasse a ser mais semelhante a Jesus foi ver que o bom fruto que meu marido exibia era real. Recebi um bom ensinamento sobre Deus na igreja, o que me ajudou e me deu um fundamento sólido. A instrução é muito importante. Reunir-se com outros crentes na igreja é muito importante.[2] Mas o que realmente fez a diferença em minha vida não foi tanto o ensino ou o fato de Dave me levar à igreja todos os domingos, mas o fruto que eu via na vida dele por trás das portas fechadas, quando não estávamos em público como a família cristã perfeita. Eu queria ter em minha vida o que ele tinha na vida dele.

Quando eu ficava irada com Dave, ele ainda era gentil comigo. Quando eu dava uma grande demonstração do quanto estava irritada na frente dele, ele não me deixava irritá-lo. Ele havia tomado a decisão de me amar. Se eu quisesse recebê-lo, o amor estava ali. Se eu quisesse ficar emburrada o dia inteiro e ser infeliz, ele ficava em paz e mantinha a sua alegria. Ele dizia que não podia fazer nada acerca da minha decisão de ser infeliz, mas que

33

Capítulo 4

ele não iria ser infeliz comigo. Ele me dizia: "Se você quer ficar furiosa o dia inteiro, fique furiosa o dia inteiro. Mas eu vou desfrutar minha família; vou desfrutar meus filhos. Vou assistir ao jogo de futebol e me divertir. Vou sair e comer fora. Vou aproveitar minha vida, e quando você quiser desfrutar a sua vida conosco, estaremos aqui."

Depois que ele dizia algo assim, eu realmente ficava furiosa, porque pessoas infelizes querem deixar todo mundo infeliz! Mas uma das melhores coisas que ele fez por mim foi permanecer estável. Se ele tivesse me deixado torná-lo infeliz, é bem possível que Dave e eu ainda estivéssemos sentados em algum lugar nos sentindo miseráveis e não fazendo muita coisa para Deus. Mas Dave continuou me demonstrando alegria e paz, e por causa disso finalmente fiquei tão faminta por aquilo que ele tinha, que passei a estar disposta a deixar que Deus transformasse minha vida. Precisamos ser algo na frente das pessoas que elas vejam e desejem.

TUDO DÁ FRUTOS

Tudo foi criado para dar frutos. Se você usar uma concordância bíblica e começar a estudar as palavras fruto, frutífero e infrutífero, ficará impressionado com a quantidade de referências que existem na Bíblia sobre dar frutos. Por exemplo, no início da Bíblia, Deus disse a Adão e Eva: *"Sejam férteis e multipliquem-se! Encham e subjuguem a terra!"*[3]

O que exatamente a Bíblia quer dizer quando fala em ser frutífero? Uma definição é ser fértil.[4] É claro que a palavra fértil tem diversos significados. Se uma mulher é fértil, isso significa que ela tem a capacidade de conceber e dar à luz um filho. Se um pedaço de terra é fértil, isso significa que ele tem o poder de gerar algo que pode ser colhido para atender às necessidades dos seres humanos. Se a sua vida está gerando qualquer coisa que pode ser colhida para suprir as necessidades de outros quando eles colherem esse fruto, então a sua vida é frutífera, assim como Deus pretendeu que ela fosse.

Você e eu somos aqueles que dão frutos no Reino de Deus. Quando você assiste a uma conferência e absorve a Palavra de Deus que está sendo ensinada, você pode esperar que algum fruto bom cresça em você em decorrência disso, porque você semeou o seu tempo. Quando trabalha a semana inteira, você espera o fruto de um salário. Cotidianamente, o nosso dia deve dar algum tipo de bom fruto.

Algumas pessoas se sentem como se tivessem sido depenadas a ponto de não restar mais nenhum fruto em sua árvore. Elas dizem algo do tipo: "Todos que me cercam querem algo de mim. Estou cansada de ser a única pessoa boa. Estou cansada de ser sempre aquela que pede desculpas ou de ser sempre a que cede. Não sei se tenho frutos suficientes para todas as pessoas que me cercam e que querem colher de mim."

> Cotidianamente, o nosso dia deve dar algum tipo de bom fruto.

Na próxima vez que começar a desejar que as pessoas parem de colher de você, entenda que Deus está esperando que você tenha algum fruto para elas colherem. Durante muito tempo, não entendi a história de Jesus amaldiçoando a figueira porque ela não tinha fruto algum. Na verdade, eu sentia pena da figueira!

NENHUM FRUTO VEM DE UMA ÁRVORE FALSA

A figueira estava plantada ali, sendo uma figueira, como deveria ser. Como Jesus estava com fome e a figueira não tinha figos, Ele lhe disse: "*Nunca mais dê frutos! Imediatamente a árvore secou.*"[5]

Certo dia, quando eu estava lendo essa história na versão *Amplified Bible* da Bíblia, finalmente entendi qual foi a questão. Quando estava voltando para a cidade de manhã cedo, "*Jesus teve fome. Vendo uma figueira cheia de folhas à beira do caminho, aproximou-se dela, mas nada encontrou a não ser folhas [vendo que na figueira o fruto aparece ao mesmo tempo em que as folhas]*".[6]

Na maioria das árvores, quando há folhas, há frutos sob as folhas. Jesus viu as folhas na figueira e foi até ela para procurar algo para comer, porque estava com fome. Quando Ele viu que ela tinha folhas, mas nenhum fruto, Ele a amaldiçoou porque ela era falsa. Onde há folhas, deve haver fruto!

Se a nossa vida gira em torno da igreja e temos adesivos cristãos em nossos carros, usamos broches com o nome de Jesus, carregamos nossas

Capítulo 4

Bíblias por aí, nos sentamos sozinhos na hora do almoço no trabalho para ler nossas Bíblias, temos quadros na nossa parede com versículos bíblicos que falam sobre o fruto do Espírito e ouvimos gravações de pregação e dizemos, "Glória a Deus! Aleluia!", mas nunca temos tempo para ajudar alguém ou sequer demonstramos bondade, somos como a figueira que tem folhas, mas não tem frutos.

Se alguém nos pede para fazer alguma coisa e respondemos: "Você não está vendo que estou tentando ler a minha Bíblia?", ou "Saia daqui e deixe-me em paz — estou orando!" ou "Não fale comigo — estou tendo uma visitação de Deus!", temos folhas, mas nenhum fruto.

Se uma amiga telefona e diz: "Você poderia me fazer um favor e cuidar dos meus filhos por meia hora? Tive um problema e preciso sair com urgência", e respondemos, "Gostaria de ajudar, mas agora não posso. Tenho planos — desculpe. Espero que você entenda". Se podíamos mudar nossos planos, mas simplesmente fomos egoístas demais para fazer isso, somos como aquela figueira falsa.

As pessoas com aparência espiritual externa, mas sem frutos, são difíceis de conviver e nunca permitem que ninguém lhes cause um inconveniente. Sei disso porque eu costumava ser assim. Mas decidi há muito tempo que não vou ser uma cristã falsa.

Quero que as pessoas digam: "Joyce e Dave são genuínos. O ministério deles é real. Todas as vezes que eu os vejo no cotidiano, eles estão fazendo o que pregam. Eles não agem de uma maneira comigo e de outra com outra pessoa."

É muito importante darmos bons frutos. É especialmente importante, se parecemos ter bons frutos, que realmente os tenhamos. Jesus chamou os fariseus de "*raça de víboras*" porque eles diziam coisas boas sendo maus.[7] Eles eram falsos como a figueira.

Se tivermos a aparência externa de cristãos, as muitas pessoas que estão buscando a Deus estarão nos observando. Elas irão querer conhecer Jesus como nós conhecemos quando virem que o nosso fruto é tão bom por dentro quanto parece ser por fora. Seremos os embaixadores de Cristo que Ele espera que sejamos.[8]

Capítulo 5

Inspecione o Fruto
e Perceba o Engano

Deus pretende que vivamos o tipo de vida excepcional na qual tudo o que fazemos prospere. Podemos viver assim quando temos frutos maduros. Em vez de sermos como a figueira falsa que Jesus amaldiçoou porque não tinha frutos, a Bíblia diz que podemos ser como uma árvore plantada firmemente junto aos rios de água, que dá frutos na estação própria, e tudo o que fizermos prosperará.[1]

Desenvolver o fruto é importante e é uma prioridade, pois só assim seremos como aquela árvore junto às águas, pronta para dar bons frutos quando for o tempo da colheita. Por haver muito engano nestes dias, também é importante sabermos como julgar os frutos das outras pessoas e discernir suas intenções. Precisamos saber como determinar com quem vamos ter um relacionamento — quer seja no ministério, nos negócios ou na sociedade.

INSPECIONE O FRUTO

Antes de me envolver com o ministério de alguém que não conheço bem ou de contribuir para ele, peço a Deus para me mostrar o coração da pessoa, e julgo o seu fruto. Por exemplo, eu havia ouvido muitas coisas boas

Capítulo 5

sobre certo ministro, mas não o conhecia muito bem, embora há alguns anos ele tivesse frequentado a mesma igreja que Dave e eu frequentávamos. Eu sabia que milhares e milhares de pessoas haviam recebido o Senhor em todo o mundo em resultado das equipes do seu ministério de música e de outros programas evangelísticos de seu ministério.

Ele mora em Tulsa, Oklahoma, e havia sido convidado para ministrar em uma conferência de pastores em uma igreja da região. Quando chegamos, ele descobriu que somente vinte pastores estariam participando. Um dos vinte era o responsável em nossa equipe por comprar o nosso tempo na mídia.

O ministro contou a sua história sobre o que estava acontecendo na China. O nosso gerente de mídia ficou tão comovido que se derramou em lágrimas quando ele terminou de falar, e disse: "Dave e Joyce Meyer precisam ouvir essa história. Você iria a St. Louis e diria a eles o que acabou de nos dizer?"

Ele não nos conhecia muito bem, mas veio a St. Louis de qualquer modo. Enquanto estávamos conversando, eu disse ao Senhor: "Ajude-me a ver o coração deste homem e o que o Senhor o chamou para fazer."

Enquanto eu o ouvia falar, pensei: *É tão tremendo que ele tenha um caráter como esse — tamanho coração e integridade — a ponto de ir a uma conferência de pastores para pregar para vinte pessoas.* Ele continuou falando longamente sobre louvor e adoração. Contou-nos que entre meados dos anos 1960 e fins dos anos 1980, suas equipes do ministério de música viajaram com um grande ministério por todo o mundo e também aos países então comunistas, às vezes ministrando a plateias de aproximadamente duzentas e cinquenta mil pessoas! No entanto, ele se prontificou a pregar para vinte pastores!

Esse ministro tinha uma necessidade. Para lançar vários milhões de Bíblias na China, ele precisava de vários milhares de dólares para algo que precisava ser concluído primeiro. Outro ministério estava se unindo a ele para pagar uma parte desse valor, mas eles só tinham um tempo determinado até necessitarem do valor total. Eles estavam chegando perto do limite. Temos um percentual de dinheiro que reservamos para o evangelismo mundial e, glória a Deus por isto, pudemos suprir a necessidade do seu ministério. Pudemos fazer parte da ajuda para lançar vários milhões de Bíblias na China.

Alguns ministros com um ministério de tamanho semelhante ao dele, mas sem as qualidades de caráter semelhantes, não teriam falado àquele pequeno grupo de pessoas. Ou, depois de chegarem e descobrirem que apenas vinte pessoas estavam participando, teriam dado uma desculpa: "Talvez outra pessoa possa me cobrir hoje."

Quando temos o caráter para fazer o que dizemos que vamos fazer, para tratar as pessoas da maneira correta e para manter uma atitude correta a respeito das coisas, Deus sempre virá em nosso socorro. Quer seja por uma porta traseira, uma porta lateral, uma janela, um telhado ou outro caminho, Ele nos abençoará e suprirá as nossas necessidades.

OLHE PARA O CORAÇÃO

Para julgar o fruto de uma pessoa, precisamos saber especificamente o que examinar. Do contrário, por estarmos tão acostumados a tirar conclusões com base na aparência das coisas, podemos examinar o fruto errado. Por exemplo, podemos decidir erroneamente que o fruto de uma pessoa é bom ao olharmos para o que ela fez ou não fez, para o tipo de coisas que ela possui ou mesmo para o tamanho do seu ministério.

Há alguns anos, uma das perguntas que eu costumava ouvir os ministros fazerem a outros ministros quando os encontravam pela primeira vez era: "Você viaja para fora do país?" Se a resposta fosse não, a reação era: "Não?", como se você não fosse um ministro de verdade com um ministério eficaz para Deus se não tivesse viajado para três ou quatro países estrangeiros! O seu fruto era julgado como sendo bom ou mau com base em se você havia viajado para fora do país.

Naquela época, eu sabia que havia sido chamada para estar exatamente aqui, ensinando ao povo dos Estados Unidos. Isso não significava que eu não me importava com as pessoas dos outros países, mas Deus não havia me chamado para ministrar no exterior no início do meu ministério. Agora, entendo por que — as campanhas evangelísticas do meu ministério estão tocando o mundo de uma maneira totalmente diferente do que eu poderia imaginar. Embora eu viaje para o exterior agora, também estou ministrando ao mundo através dos evangelismos, inclusive na tevê estrangeira. Deus estava me dirigindo naquela época a permanecer nos Estados

Capítulo 5

Unidos na maior parte do tempo porque eu estava desenvolvendo uma base para o nosso ministério que seria grande o suficiente para finalmente alcançar o mundo. Se eu tivesse me deixado inquietar pelo que as pessoas esperavam de mim em lugar do que o Senhor estava me dirigindo a fazer, eu não seria capaz de ministrar em todo o mundo hoje pela televisão e por outros meios evangelísticos. Como exemplo do que estou dizendo, recentemente nosso filho mais velho David e outro ministro partiram para a Índia e a África, com o objetivo de serem os anfitriões de grandes conferências para jovens que o nosso ministério irá financiar inteiramente.

Muitas vezes somos pressionados e provocados por outros a tentarmos dar frutos em alguma área antes que eles estejam maduros. Como todos nós sabemos, o fruto verde é quase tão inútil quanto a ausência de frutos. Lembre-se de que há uma estação para tudo, e que de acordo com Eclesiastes 3, tudo é belo a seu tempo. Mas o oposto também é verdadeiro: se as coisas estiverem fora do tempo certo, não serão nada belas.

> **A motivação de uma pessoa nos mostra muito sobre seu fruto.**

Em vez de olhar somente para o que as pessoas fazem, precisamos inspecionar o fruto delas olhando para a atitude e para o tipo de caráter que exibem enquanto estão fazendo o que fazem. O ministro de Tulsa, que mencionei anteriormente, tem um ministério muito eficaz no exterior. Mas em vez de julgar o seu fruto com base nas suas viagens e no seu ministério nos países estrangeiros, vemos a evidência do seu bom fruto primeiro nas qualidades do seu caráter e na sua atitude ao servir a Deus. Como vimos anteriormente, a motivação de uma pessoa, seus desejos mais intensos, nos mostram muito. Temos uma boa indicação de que o fruto da pessoa está maduro, é bom de dentro para fora e é real, quando vemos a pessoa atuando movida por um desejo de expressar o amor de Deus, procurando maneiras de combinar os seus dons com os de outras pessoas para ajudar a realizar o propósito particular de Deus.

Inspecione o Fruto e Perceba o Engano

DISCERNINDO A INTENÇÃO

Precisamos lembrar que é importante não ficar tão assombrado com o dom de uma pessoa a ponto de se esquecer de julgar o seu fruto. Se nos esquecermos de olhar para o caráter e a motivação que há por trás do dom de uma pessoa, poderemos nos desviar. Preciso repetir: não fique tão assombrado ou impressionado com os dons de uma pessoa, com a personalidade carismática dela ou com suas habilidades em qualquer área, a ponto de ficar voluntariamente cego aos sinais de advertência de que alguma coisa está errada. Encontrei recentemente uma situação triste na qual muitas pessoas ficaram arrasadas com a queda de um ministro a quem admiravam muito, e alguns até idolatravam, o que naturalmente é errado. Todas elas concordaram comigo que sabiam havia muito tempo que o homem costumava não dizer a verdade, mas de alguma maneira elas ignoraram aquele sinal de advertência devido a outras coisas impressionantes a respeito dele.

Não dizer a verdade é um problema de caráter, e precisamos sempre olhar para o verdadeiro caráter de um indivíduo julgando o verdadeiro fruto de sua vida.

Outro grande sinal de advertência de que uma pessoa tem problemas de caráter é quando ela não mantém a sua palavra. Recuso-me a me relacionar com pessoas que não fazem o que dizem que farão. Se não pudermos confiar nas pessoas, como poderemos criar um relacionamento saudável com elas?

Ao ensinar as pessoas a não serem ignorantes quanto aos dons espirituais,[2] Paulo estava lhes dizendo para atuarem nos dons pelo motivo certo. Mas creio que ele também estava indicando que as pessoas estavam prestando tanta atenção nos dons das outras pessoas, que não estavam discernindo o caráter do indivíduo por trás do dom.

Paulo estava falando a pessoas que haviam adorado ídolos mudos antes de se tornarem cristãs. Ele as estava ensinando a reconhecer quando alguém está falando em nome do verdadeiro Deus para que elas não se desviassem. Ele lhes ensinou que ninguém que fala sob o poder e a influência do Espírito de Deus pode dizer que Jesus é anátema. E ninguém pode realmente dizer que Jesus é o Senhor se não for pelo Espírito Santo.[3]

41

Paulo estava explicando que por mais espirituais que as pessoas pareçam ser — por mais impressionantes que sejam os seus dons, o que elas podem fazer, quem elas conhecem, quanto dinheiro têm, o que elas lhe dizem para elogiá-lo para tentarem estar perto de você — você deve olhar além disso. Elas podem ser dedicadas a servirem a si mesmas em vez de servirem a Jesus. Elas podem não ser absolutamente de Deus — o Seu Espírito talvez não viva nelas.

Jesus estava advertindo Seus seguidores a não serem enganados pela aparência das pessoas quando Ele disse para tomarmos cuidado com os falsos profetas que vêm vestidos como ovelhas, mas por dentro são lobos devoradores.[4] Jesus lhes disse: *"A árvore boa não pode dar frutos ruins, nem a árvore ruim pode produzir bons frutos."*[5]

Quer o seu fruto seja bom ou ruim, uma árvore é conhecida pelos seus frutos! Você poderia estar pensando em alguém que você conhece que parece ter muitas deficiências de caráter, no entanto a sua vida ou o seu ministério ainda dá bons frutos. Isso pode ser verdade até certo ponto, mas na verdade é a Palavra de Deus que está dando o fruto. A Palavra de Deus não volta vazia, independentemente de quem a profere. Entretanto, esse tipo de pessoa acabará causando problemas de verdade em algum momento, e muitas pessoas se machucarão. Podemos facilmente evitar boa parte da dor que sofremos na vida sendo bons inspetores de frutos e escolhendo nossos amigos e associados com mais sabedoria.

CUIDADO PARA NÃO SER ENGANADO

Jesus disse: "Cuidado, que ninguém vos engane."[6] A Bíblia nos ensina como não sermos enganados. Devemos tirar plena vantagem desse conhecimento que Deus nos deu, porque a Bíblia também nos diz que nos últimos dias o engano se tornará tão desenfreado que até o povo escolhido de Deus poderia ser enganado.[7] Haverá pessoas que dirão que são o Cristo, o Messias, e falsos profetas enganarão e desviarão muitas pessoas. Eles até farão grandes sinais e maravilhas.[8] Será muito confuso dizer quem é quem e o que é o que. Isso mostra como é importante sermos inspetores dos frutos. Deus nos disse antecipadamente e nos deu os meios para nos prepararmos para nos proteger.

Inspecione o Fruto e Perceba o Engano

> Quer o seu fruto seja bom ou ruim, uma árvore
> é conhecida pelos seus frutos.

Para evitar o engano, não sigo ninguém nem me envolvo com o seu ministério — por melhor que seja a aparência da roupa de ovelha, por mais polida e profissional que a pessoa pareça — até ter checado o fruto dela. Assim como as pessoas me procuram em uma conferência para me dizer que Deus quer que elas estejam em uma posição de alto nível no meu ministério, às vezes aparecem pessoas que querem orar impondo as mãos sobre mim para transferirem algo para mim espiritualmente. Eu lhes digo algo do tipo: "Não quero magoá-lo ou ofendê-lo, mas não vou deixar que você imponha as mãos sobre mim. Você pode ser uma pessoa maravilhosa e um cristão maravilhoso, o maior intercessor da sua cidade, e se Deus lhe disse para orar por mim, faça isso! Mas você precisa entender que, como eu não o conheço, não seria sábio permitir que você impusesse as mãos sobre mim, pois há uma transferência de poder de uma pessoa para outra por meio da oração e da imposição de mãos. Você deve lembrar que Jesus impunha as mãos sobre as pessoas e as curava ou abençoava, e os apóstolos faziam o mesmo."

Sou muito gentil quando respondo porque não quero magoar as pessoas, e entendo que cristãos imaturos realmente cometem erros enquanto estão tentando aprender a seguir a Deus e a crescer. Mas não deixo que ninguém que não conheço imponha as mãos sobre mim ou sobre qualquer outra pessoa nas minhas reuniões. Meus introdutores são instruídos a impedir a ação das pessoas que tentam impor as mãos sobre os outros e orar. Tenho a responsabilidade para com aquelas pessoas de protegê-las, tanto quanto possível, de qualquer mal.

DISCERNINDO O BEM (E O MAL)

Às vezes encontramos uma pessoa que parece ter bons frutos, mas temos uma sensação dentro de nós de que algo naquela pessoa parece estar errado. É muito importante prestar atenção e acompanhar para ver se estamos

Capítulo 5

discernindo corretamente em vez de ignorarmos a sensação que tivemos. Mas também é muito importante não tomar decisões, principalmente decisões radicais, com base em cada pequena sensação. Podemos ter uma impressão estranha a respeito de alguém porque a personalidade da pessoa nos lembra de outra pessoa que tem uma personalidade semelhante e com quem tivemos problemas no passado. Ou pode haver outra coisa que não gostamos nessa pessoa e que não tem nada a ver com discernimento.

Precisamos de muito discernimento, e a Bíblia diz que podemos tê-lo se o buscarmos. Deus quer que peçamos sabedoria, conhecimento e entendimento a Ele.[9] Ele quer nos dar discernimento e critério.[10]

Podemos ver o quanto Deus quer que extraiamos de Sua sabedoria e de Seu discernimento no exemplo da resposta que Ele deu ao pedido de Salomão, após Salomão ter se tornado rei. Em um sonho (que se tornou realidade), Salomão pediu a Deus a capacidade de *discernir entre o bem e o mal* para que ele tivesse um *coração compreensivo* a fim de julgar o povo de Deus. Deus ficou tão satisfeito com o pedido de Salomão que deu a ele um coração sábio e compreensivo como ninguém teve no passado nem viria a ter no futuro. Deus também deu a Salomão as riquezas e a honra que ele não havia pedido — riquezas e honras maiores do que qualquer outro rei jamais teve durante a vida de Salomão. E Deus também disse a Salomão que prolongaria os seus dias se ele guardasse os estatutos e os mandamentos do Senhor.[11]

Desenvolver o fruto do Espírito é a nossa prioridade. Mas também é importante para Deus que desejemos e oremos para que o *discernimento* ou o *discernimento de espíritos*,[12] um dos dons espirituais, opere em nossa vida. Discernir entre o bem e o mal significa analisar se a intenção de uma pessoa é boa ou má, certa ou errada, na maioria das situações com que deparamos. Às vezes as pessoas ficam desequilibradas, superespiritualizando cada sentimento que têm ou "discernindo" que alguma coisa está errada em todas as situações. O discernimento não é apenas para o mal; ele é para o bem também. Isso significa reconhecer o bem nas pessoas, e não apenas procurar pelo mal.

Tomando a decisão de não nos impressionarmos somente com a aparência das coisas, podemos evitar sermos enganados. Em vez de julgarmos o fruto de uma pessoa como sendo bom somente porque ele parece

Inspecione o Fruto e Perceba o Engano

ser bom, podemos usar o domínio próprio e a paciência para dedicarmos tempo a fim de buscarmos a Deus para receber discernimento; depois, podemos inspecionar o fruto de perto.

OUÇA COM O SEU ESPÍRITO

As coisas que não podemos entender com a nossa mente, podemos discernir com o nosso espírito.[13] Deus pretende que usemos a nossa mente para raciocinarmos e termos bom senso. Mas podemos exagerar na racionalização, tentando entender as coisas a ponto de ficarmos confusos.[14] Uma coisa que aprendi sobre o discernimento é que precisamos desligar o nosso raciocínio, sair um pouco "da nossa cabeça" e ouvir o nosso espírito. Isso é especialmente importante quando impressões ou apelos do nosso espírito estão nos dizendo o contrário da maneira que uma situação ou pessoa parece ser.

Se você tem uma impressão de que algo está errado com alguém que parece ser maduro e estar seguindo a Deus de todo o coração, acompanhe isso observando o comportamento da pessoa e ouvindo o que ela diz para perceber a intenção do coração dela. "Observar e esperar" é o melhor conselho que posso lhe dar no que se refere a tomar decisões sobre o verdadeiro caráter de alguém.

OBSERVE O COMPORTAMENTO

Mencionei o tipo de características que observo ao julgar o fruto das pessoas que contrato para posições-chave. E ao julgar o fruto de alguém, ainda que a pessoa tenha um grande ministério com um louvor maravilhoso e uma adoração fantástica, e produza uma revista tremenda, devíamos olhar para o tipo de fruto que a pessoa demonstra nos bastidores.

De qualquer modo, todos nós ficamos irritados ocasionalmente ou um pouco impacientes, e certamente não reagimos perfeitamente com o amor de Deus em todo o tempo. Mas vemos indicações de um fruto imaturo, ruim ou de ausência de frutos se uma pessoa tem um temperamento ruim ou quer ter tudo do seu jeito *o tempo todo*. A pessoa fica irada e impaciente com os outros com frequência, quer controlar tudo ou só está feliz se for a única que recebe toda a atenção.

45

Capítulo 5

Apenas observe e espere. Deus exporá o fruto dela. Ainda que a pessoa seja bem conhecida, a árvore falsa ou podre por trás do fruto com o tempo será exposta.

OUÇA PARA CONHECER A ATITUDE

A Bíblia nos dá uma maneira de detectarmos bem depressa, em algumas circunstâncias, se o fruto de uma pessoa é imaturo, ruim ou inexistente (como no caso de um falso Cristo, de um falso profeta ou de alguém que não é de Deus). Ela nos mostra como olhar para a intenção do coração de uma pessoa ouvindo o que ela diz, "pois a boca fala do que está cheio o coração".[15]

O versículo anterior e o próximo nos dizem que podemos aprender muito sobre as pessoas apenas ouvindo-as.

> **O homem bom do seu bom tesouro tira coisas boas, e o homem mau do seu mau tesouro tira coisas más.**
>
> **Mateus 12:35**

Sempre fui muito falante, mas tenho aprendido nos últimos anos a ouvir mais as pessoas e a falar menos. Ouvindo, você aprende muito com relação ao tipo de fruto que uma pessoa tem, o que é especialmente útil se você está conhecendo a pessoa pela primeira vez.

Alguém que fala apenas sobre dinheiro e coisas materiais tem um problema de ganância. Se você criar um relacionamento com alguém que coloca um foco negativo em tudo, você está correndo o risco de ter problemas. Alguém que fala excessivamente sobre as coisas que estão erradas com as pessoas, com as igrejas e as organizações — seus pastores, seus chefes, o governo, a liderança da igreja, os programas da igreja — tem um espírito crítico e julgador. Se você deixar que uma pessoa assim entre na sua vida e se torne sua amiga, essa pessoa também começará a dizer coisas negativas a seu respeito. Por melhor ou mais perfeito que você tente ser quando está com alguém assim, em algum momento ele começará a encontrar coisas erradas em você.

Inspecione o Fruto e Perceba o Engano

> Podemos descobrir o que uma pessoa tem no seu coração ouvindo o que ela diz.

Já tive esse tipo de amigos, e não os quero mais. Já passei por muitas pressões em minha vida; não preciso mais de amigos como esses! Eles queriam que eu fosse perfeita. Ninguém é capaz de ser um amigo perfeito. Se eu sou sua amiga, de vez em quando irei decepcioná-lo. Se você estiver debaixo da cobertura do meu ministério, eu também não serei uma ministra ou uma mestra perfeita.

Precisamos de amigos que nos deem espaço para obedecermos a Deus e para cometermos erros ao longo do caminho. Precisamos de amigos que façam o que a Bíblia diz e deixem que o amor cubra uma multidão de pecados[16] enquanto eles andam em amor conosco.

Quando tinha a impressão de que alguma coisa estava errada com alguém, eu acompanhava essa impressão observando a pessoa e ouvindo-a. Cerca de noventa por cento das vezes, o que eu sentia acabava por se confirmar. Mas mesmo quando não estou certa, muitas vezes Deus traz algo à luz e me ensina alguma coisa que me ajuda a discernir o futuro com mais precisão.

Capítulo 6

Frutos para os Bons Tempos e uma Reserva para os Outros Tempos

esmo em meio aos acontecimentos extremos que ocorrem no nosso mundo hoje, Deus quer que vivamos o tipo de vida excepcional e abundante que Ele planejou para nós. E nesses tempos que muitos acharão confusos, Ele quer que saibamos como deixar que a nossa vida seja um testemunho para outros e como ministrar a eles.

Paz e alegria e os outros frutos nos são dados para que os usemos, não apenas nos tempos bons, mas a todo o tempo. Quando trabalhamos para desenvolver o fruto nos tempos bons, temos uma reserva para usarmos nos tempos difíceis e críticos. Um cristão maduro sabe como extrair a paz que excede a todo entendimento[1] em qualquer situação do Príncipe da Paz,[2] Jesus, o Pacificador, que vive dentro de nós. Um crente maduro no fruto da alegria sabe como ser firme e estável independentemente de quais sejam as circunstâncias.

Um motivo pelo qual estou escrevendo este livro é porque Deus me trouxe a convicção de como é importante que as pessoas se concentrem em desenvolver o fruto do Espírito para se preparar e se comportar de ma-

Capítulo 6

neira adequada nos tempos de crise, caso as crises venham. Descobrimos o quanto temos de avançar para desenvolvermos o fruto quando somos pegos de surpresa e o nosso fruto é "espremido", como quando alguém é rude conosco ou nos fere de alguma outra maneira. Uma vez que a maioria de nós tem o fruto "espremido" uma dezena de vezes por dia, é muito importante desenvolver o fruto do Espírito!

Tenho estudado a caminhada em amor e o fruto do Espírito por cerca de quinze anos. Passo muito tempo meditando na Bíblia sobre o amor e lendo os muitos livros que tenho sobre o assunto. Gosto de ensinar sobre o fruto do Espírito e sobre qualquer assunto relacionado a ele. E um motivo pelo qual gasto tanto tempo no fruto é porque realmente preciso estudá-lo. Eu não poderia andar no fruto consistentemente se não fizesse isso! Preciso trabalhar nesse tema.

Algumas pessoas são naturalmente gentis, e os ministros devem ser especialmente gentis e bondosos. Eu gostaria de ser capaz de contar que quando acordo pela manhã abro os olhos e automaticamente sorrio, me levanto e começo a cantar louvores ao Senhor e a pronunciar bênçãos sobre meu marido. Mas com o tipo de personalidade forte que tenho, simplesmente acordar pela manhã às vezes pode "espremer" meu fruto automaticamente!

Meu marido, por outro lado, é uma daquelas pessoas que acordam felizes. Todos os dias, durante os trinta e cinco anos que estamos casados, ele se levanta tão feliz a ponto de assobiar. Assim que ele abre os olhos, tudo parece maravilhoso para ele. Eu sei o que ele pensa sobre qualquer situação que poderia ser uma preocupação: *Problema? Não, apenas lanço os meus cuidados sobre o Senhor porque sei que Ele cuida de mim e fará tudo cooperar para o bem daqueles que o amam e são chamados segundo o Seu propósito.*[3] Naturalmente, o que ele está pensando é absolutamente verdade, mas eu realmente preciso trabalhar para transformar meus pensamentos nesse tipo de atitude quando acordo.

Quando acordo, Dave diz:

— Bom dia. Como você está?

Aprendi a não dizer "Bem" a ele, porque ele diz:

— "Bem"? Você não está excelente? Você não está maravilhosa?

Eu digo a ele "Estou ótima", sabendo que meus sentimentos acompanharão as minhas palavras quando eu estiver totalmente acordada.

50

Frutos para os Bons Tempos e uma Reserva para os Outros Tempos

Alguns de nós que às vezes lutamos contra o mau humor (principalmente se acordamos assim) sabemos que se alguém que é completamente feliz e positivo chega naquele instante, também temos de lutar contra o impulso de dar um pulo e gritar: "Deixe-me em paz!"

Certa vez, eu estava tendo um dia realmente bom. Quando acordei na manhã seguinte, eu me sentia realmente bem — havia tido uma boa noite de sono; sentia-me bem fisicamente; estava empolgada com a maneira como as reuniões haviam corrido durante a nossa última conferência; tudo parecia ótimo.

Dave disse:

— Como você está esta manhã?

— Muito bem — eu disse.

E ele:

— "Muito bem"! Uau! Estamos progredindo!

Talvez eu não esteja onde preciso estar ainda, mas graças a Deus estou progredindo!

A maioria de nós precisa passar um tempo estudando o fruto porque a nossa carne é forte. Mesmo depois de meditarmos nas passagens bíblicas sobre paciência, de ouvir mensagens gravadas sobre paciência durante duas semanas e transpirar paciência em todas as situações que encontramos, ainda podemos entrar no carro e gritar quando outro motorista nos dá uma fechada no trânsito: "Seu idiota! Como foi que você conseguiu tirar carteira de motorista? Pessoas como você deviam ser proibidas de dirigir!".

Algumas vezes me senti como o personagem daquele clássico, "O Médico e o Monstro". Posso estar me comportando de modo excelente e de repente mudar por causa de algum incidente irritante.

DESENVOLVER O FRUTO VALE O ESFORÇO

A maioria de nós precisa trabalhar para desenvolver e demonstrar o fruto consistentemente, e isso requer trabalho árduo. Mas estou escrevendo este livro para lhe dizer que vale a pena. Para viver o tipo de vida feliz, afortunada, que é tão abençoada que deve ser invejada, na qual não lhe falta nada e tudo em que você põe a mão prospera — vale a pena. Para viver o tipo de vida (que vem quando desenvolvemos o fruto) na qual você sabe que

51

Capítulo 6

está fazendo o que foi criado para fazer e experimenta a alegria que vem de viver dessa maneira — vale a pena. Sim, esse tipo de vida é tão abençoado que deve ser invejado, mas ninguém precisa invejá-lo porque todos podem ter um tipo de vida como esse.

> **O trabalho árduo de desenvolver e demonstrar o fruto vale o esforço.**

A versão *Amplified* da Bíblia, em inglês, diz que o fruto do *Espírito "é a obra que a Sua presença dentro de nós realiza"*.[4] O fruto que se manifesta em nossa vida é o que irá mudar o mundo que nos cerca. De vez em quando precisamos olhar para nós mesmos e dizer: "Todos me conhecerão pelos meus frutos", e dar uma olhada em que tipo de safra está sendo produzida pela nossa vida. Precisamos examinar o quanto somos estáveis em situações de tensão. Olhando para nós mesmos como uma árvore frutífera, quantos frutos podem ser colhidos antes de descobrirmos que não temos mais frutos? Creio que podemos crescer a ponto de nunca se esgotarem os nossos frutos bons, independentemente do que esteja se passando em nossa vida.

Se não estamos produzindo uma safra muito grande, Deus virá para nos podar. Ele nos corta para obter maior crescimento. Depois que passei anos orando para que os dons estivessem operando em meu ministério, Deus me respondeu tratando comigo para que eu desenvolvesse os frutos, e Ele começou a me podar. Deus tinha em mente para mim um ministério por meio do qual eu pudesse ajudar muitas e muitas vidas, mas Ele não podia deixar o meu ministério crescer até que soubesse que podia confiar em mim em todo tipo de situação. Ele não queria que eu estivesse ali ferindo milhares de pessoas. Ele também não queria que eu fizesse papel de tola e manchasse a Sua reputação! Então, Deus esperou e tratou de me podar, esperou um pouco mais e continuou a me podar, e esperou um pouco mais. Ele continuou a me podar até que eu estivesse pronta. E podemos esperar que Deus nos pode muitas vezes nos nossos diferentes níveis de crescimento. Quando damos frutos, Ele nos poda novamente para que demos frutos ainda mais excelentes e proveitosos.

Frutos para os Bons Tempos e uma Reserva para os Outros Tempos

O processo de podar plantas para seu crescimento futuro seria doloroso se as plantas tivessem sentimentos, e uma vez que nós, seres humanos, temos sentimentos, o processo é doloroso para nós. Deus trata conosco de algumas maneiras que desejaríamos que Ele não tratasse. Ele corta algumas coisas de nossa vida às quais gostaríamos de nos agarrar. Ele muitas vezes tira pessoas que estão impedindo ou detendo a Sua vontade para nós. Às vezes não entendemos o que Deus está fazendo, mas aprendi ao longo dos anos que as coisas sempre acabam bem no final, se eu relaxar e deixar que Ele faça o que quer fazer. Deus sempre acaba fazendo o que quer, por isso lutar com Ele só torna o processo mais demorado e realmente mais doloroso.

A primeira parte do versículo bíblico que nos diz que podemos ser como uma árvore plantada firmemente junto aos ribeiros de águas, uma árvore que dá frutos na estação própria e que sempre prospera, é um exemplo da Palavra nos dando direção específica sobre como atingir um nível mais elevado de maturidade. A primeira parte nos diz que não devemos seguir o conselho do ímpio, nem nos colocar em situações em que possamos ser influenciados pelos pecadores ou escarnecedores.[5] Quando nos deleitamos em gastar o nosso tempo aprendendo e seguindo as diretrizes que Deus nos dá em Sua Palavra, crescemos em novos níveis de maturidade.

Deus é tudo que Ele quer que sejamos. E quando recebemos Jesus em nosso coração no novo nascimento, recebemos a Semente incorruptível, Ele próprio.[6] Recebemos uma semente, a Semente, em nós, de tudo que Deus é. A Semente de Deus vem viver dentro de nós. Se for regada, alimentada e cuidada adequadamente, a Semente em nós fará com que cresçamos e nos transformemos em uma grande planta que dá frutos.

Como regamos e alimentamos a semente? Lendo e meditando na Palavra de Deus, buscando a Deus e orando, aplicando habitualmente o que aprendemos e mantendo o nosso foco no que é importante.

Aprenda a desenvolver o fruto; faça o melhor que puder e não espere ser perfeito. Peça perdão quando necessário;[7] receba o perdão em vez de ficar fixado no que fez de errado, e simplesmente creia que Deus fará o que a Sua Palavra diz Ele fará. Você terá muitos frutos em estoque para quando precisar.

Parte 2

Desenvolvendo o Fruto

Capítulo 7

Amor — Você o Tem Dentro de Você

Existem muitos cristãos que querem amar com o amor de Deus, mas, em muitos casos, eles não sabem como. Estou escrevendo por experiência própria. Eu não podia amar os outros porque nunca havia recebido o amor de Deus por mim. Durante muitos anos, reconhecia mentalmente o ensinamento bíblico de que Deus me amava, mas isso não era uma realidade em meu coração. Muitos cristãos passam por isso. O primeiro passo para amar os outros com o amor de Deus é procurar receber a real consciência de que Ele nos ama.

RECEBA O AMOR DE DEUS, E DEPOIS PASSE A DÁ-LO A OUTROS

Se somos cristãos, se recebemos Jesus, o amor de Deus já está em nós para que o recebamos e venhamos a dá-lo aos outros. A Bíblia nos diz: "*... Deus derramou Seu amor em nossos corações, por meio do Espírito Santo, que Ele mesmo nos outorgou.*"[1] Já está em nós a capacidade de amar as pessoas.

À medida que você começa a receber o amor de Deus e a amar a si mesmo de uma maneira equilibrada, Seu amor começará a curá-lo emocionalmente para que você não seja inseguro e medroso nem tenha uma autoi-

Capítulo 7

magem negativa. Precisamos gastar certo tempo da nossa vida acertando essas áreas. Depois, em vez de passar toda a nossa vida tentando receber cura da dor da nossa infância ou de outras fases de nossa vida, precisamos seguir em frente. Alguém que está lendo isto pode estar pensando: *Joyce, você não sabe o que estou passando. Meu marido acaba de me deixar sozinha com três filhos. Você não sabe como me sinto.*

> **Ame com o amor de Deus recebendo primeiro a real consciência de que Ele ama você.**

Sim, eu sei como você se sente. Sofri abuso sexual quando criança e fui abandonada por meu primeiro marido. Ele foi morar a duas quadras de distância da minha casa com outra mulher enquanto eu estava grávida do filho dele. Eu tinha de passar de carro pela casa dele todas as manhãs a caminho do trabalho levando o seu filho dentro de mim e sabendo que ele estava vivendo com aquela mulher. Sei como é ser ferida. Mas também sei como é ser curada. Quase todos foram feridos — rejeitados, abusados, maltratados de alguma maneira. Eu me importo com os feridos emocionalmente. Sou muito grata a Deus pela cura emocional que recebi, e ensinar e ministrar sobre cura emocional é uma parte importante do meu ministério. Mas Deus colocou dons em nós que Ele quer que usemos, e Ele quer que recebamos o Seu amor e a Sua cura, para em seguida compartilhar o Seu amor com outros em vez de simplesmente ficarmos sentados, sangrando a vida inteira.

Alguém que está ferido não fica simplesmente sentado sangrando. A pessoa faz alguma coisa para estancar o sangue e limpar a ferida para que ela sare. Então, segue em frente. Algumas pessoas podem precisar de um ano ou dois, até três, para ter as suas feridas emocionais curadas a fim de poderem seguir em frente. Algumas pessoas podem até precisar de cinco anos. Mas elas não precisam de vinte, trinta ou quarenta anos para receber cura.

Se você não receber cura das suas feridas emocionais, nunca se tornará forte o bastante para lidar com as novas feridas que podem cruzar o seu caminho. Eu gostaria de lhe prometer que você pode chegar à condi-

Amor — Você o Tem Dentro de Você

ção de nunca ser ferido de novo, mas não posso fazer essa promessa, nem qualquer outra pessoa. Posso, porém, prometer-lhe que Jesus, Aquele que sara, está sempre disponível para curar toda ferida, velha ou nova. Se você nunca receber cura, a velha ferida continuará se abrindo e sangrando quando alguém ferir os seus sentimentos, e o amor que Deus colocou em você nunca poderá ser liberado para abençoar outros.

Quando esse amor de Deus que está em você finalmente curá-lo, você descobrirá que é fácil conviver com as pessoas. Você verá que as pessoas com quem talvez tenha tido problemas no passado não são melhores nem piores do que qualquer outra pessoa. Por gostar de si mesmo, em vez de ficar com os sentimentos feridos, você pode sacudir para longe uma coisa que pode tê-lo ofendido e seguir em frente. Quando recebe o amor de Deus, você fica tão grato pelo que Ele fez em sua vida, que você está pronto para deixar que Seu amor comece a fluir através de você para as pessoas difíceis de serem amadas, as pessoas detestáveis, as pessoas que são exatamente do mesmo modo que nós costumávamos ser antes que Deus nos alcançasse.

Certa vez, Dave estava passando por uma transição e, por um breve período, agiu de forma muito diferente daquela que ele costuma agir. Achei que ele não estava falando comigo de uma maneira muito gentil — ele estava um pouco carrancudo e sisudo. Tentei corrigi-lo algumas vezes, e ele disse: "Não estou fazendo nada de errado — você é que está sensível demais."

Eu disse ao Senhor: "Isto não está certo. Dave não está falando comigo direito." Sabe o que Deus me respondeu? "Por quantos anos você não falou direito com Dave?" Deus estava me mostrando que Dave estava passando por um tempo desafiador em sua vida, sobre o qual não quis me falar. Dave não é do tipo que fala sobre alguma coisa que está passando. Discutir abertamente sentimentos internos geralmente é mais fácil para as mulheres do que para os homens.

Outra vez, há alguns anos, eu disse a Dave: "Todas as nossas conversas são tão superficiais. Falamos sobre várias coisas banais. Quero saber sobre as coisas profundas em você."

Ele olhou para mim e disse: "Joyce, esta é a profundidade que me permito ir."

59

Capítulo 7

Se eu quiser falar sobre coisas profundas, preciso falar com alguém que não seja Dave! Mas se eu me sentar e começar a falar sobre coisas profundas com alguém, posso começar a superanalisar tudo e ficar confusa! Na maior parte do tempo, a vida poderia ser muito mais simples do que a tornamos.

Receber e expressar amor é muito importante porque, sem ele, a Bíblia nos diz que não somos *"nada"*[2] (somos *"um ninguém inútil"*, de acordo com a versão *Amplified* desse versículo). Podemos ajudar as pessoas com os dons — podemos falar as línguas dos homens e dos anjos, mas se não tivermos amor, nós nos tornamos um gongo barulhento, ou um címbalo que retine.[3] Podemos atuar no dom de profecia; podemos conhecer todos os mistérios e todo conhecimento; podemos ter toda a fé — o suficiente para mover montanhas — mas se não tivermos amor, nada somos.[4]

Mesmo quando operamos com grandes dons, se não temos o amor de Deus — o fruto do Espírito, que os outros frutos expressam — não somos nada além de um grande barulho ou de alguém que não está fazendo bem a ninguém! Muitas pessoas no corpo de Cristo poderiam dizer: "Não sou nada além de um grande barulho." Podemos ver nessa descrição específica na Bíblia o quanto é importante desenvolver o fruto do amor em nossa vida. E se nos concentrarmos em amar as pessoas, todos os outros frutos o acompanharão como parte do pacote.

Em vez de tentar se esforçar tanto para ser perfeito e agradar a Deus, gaste esse tempo e esforço com Deus, expressando seu amor por Ele. Simplesmente passe o seu dia amando-o e deixando que Ele o ame. Você ficará surpreso ao ver o quanto o seu comportamento vai melhorar.

AMOR É AÇÃO

A Bíblia diz que o amor não é teoria ou palavras, mas ação.[5] O amor é ação; amar é fazer o que precisa ser feito em cada situação que se apresente. Desenvolver o amor não é um esforço terrível; é simplesmente ser bom para as pessoas.

Comece a examinar a sua vida e a buscar mais a Deus com relação à sua caminhada de amor — com respeito à sua atitude, sua vida mental, ao que você diz, como você trata as pessoas. Você é gentil com as pessoas?

Amor — Você o Tem Dentro de Você

O que você está fazendo por elas? Como você está tratando as pessoas que não o estão tratando muito bem? Mude de direção caso não esteja passando tempo suficiente focando na sua maneira de agir e de falar, na sua maneira de tratar as pessoas, no que você faz pelos outros e na sua expressão do amor de Deus a elas por meio da alegria, da paz, da paciência, da bondade e da misericórdia.

> **Concentre-se em amar as pessoas, e todos os outros frutos acompanharão.**

Somos conhecidos pelos nossos frutos, não apenas como membros individuais do corpo, mas coletivamente como igrejas, ministérios e organizações. Nesse sentido, a maneira como nos comportamos entre os incrédulos é muito importante. Há alguns anos, nosso ministério teve, segundo me disseram, uma oportunidade sem precedentes de colocar um de meus livros e algumas outras doações como sabonetes e xampus nas mãos de cada prisioneiro de todo o estado do Missouri — vinte e cinco mil prisioneiros de dezessete presídios diferentes. Obviamente, queríamos colocar o livro nas mãos deles. Não estávamos tão preocupados com o sabonete e o xampu, mas queríamos dá-los para que eles pudessem receber o livro.

Queríamos realmente fazer isso, e quando tivemos permissão fomos informados de que se a ação corresse bem nos presídios do Missouri, provavelmente teríamos uma oportunidade semelhante em outros estados. E agora estamos fazendo isso em outros estados também, e esperamos fazer em todo o país.

Descobrimos que não tínhamos ideia do tempo que seria necessário para colocar os artigos em vinte e cinco mil sacolas. Na primeira noite em que o pessoal do nosso ministério e seus voluntários se reuniram para separar os artigos, eles perceberam que não chegariam nem perto do fim. Eles ligaram para o escritório e pediram voluntários. Nossa equipe foi maravilhosa — depois de trabalharem o dia inteiro, iam para o depósito e montavam as sacolas, alguns trabalhando até as dez, onze horas ou meia-noite, fazendo isso durante duas ou três noites seguidas.

Capítulo 7

Dave e eu fomos ao depósito e vimos que as pessoas estavam se divertindo, realmente desfrutando aquilo. Precisamos simplesmente nos entregar às pequenas coisas quando surgem as oportunidades. Nem sempre precisa ser algo enorme.

> **Podemos demonstrar amor simplesmente nos entregando às pequenas oportunidades que surgem.**

Depois que as sacolas estavam montadas, nossos voluntários as entregaram aos prisioneiros. O grupo tinha um plano bem organizado de se levantar às cinco da manhã para viajar até os dezessete presídios. E depois de fazer todo o trabalho de montar as sacolas, eles não as deixaram nos presídios simplesmente. Em todos os presídios que lhes permitiam, eles iam de cela em cela, entregando os livros, o xampu, o sabonete e uma carta do nosso ministério aos prisioneiros, dizendo-lhes: "Deus ama vocês. Jesus se importa com vocês. Nós nos importamos com vocês."

Alguns prisioneiros nos enviaram respostas notáveis, que mostram como o amor de Deus em ação pode afetar as pessoas.

Um prisioneiro escreveu:

> **Estou preso no Centro Correcional de Tipton, e hoje o pacote de Natal foi distribuído. Entre os envios habituais de doces, estava o seu livro, com o sabonete e o xampu. Em geral, não fico muito impressionado com as pessoas que nos desejam sorte somente uma vez por ano.**

Muitos prisioneiros falam como sentem como se o único momento em que alguém se importasse se eles são pobres, famintos e necessitados é no Natal, quando na verdade eles estão nessa condição o ano inteiro.

A carta continuou:

> **Mas seu cuidado e preocupação óbvios oferecendo a sua história inspiradora, assim como alguns artigos de necessidade, mais do que me**

Amor — Você o Tem Dentro de Você

demonstram que vêm realmente do coração de vocês. Apenas a título de informação, sou ateu e não creio em Deus, em Satanás ou em qualquer outra coisa. Mas queria que vocês soubessem que a sua preocupação me tocou profundamente. E acho que é maravilhoso que pessoas como vocês ainda existam neste mundo.

Passei os últimos vinte e um anos entrando e saindo desta penitenciária, principalmente entrando. E esta é a primeira vez, que eu me lembre, que qualquer organização religiosa tenha dado a toda a população do presídio, e talvez a todo o departamento de correção, presentes úteis e caros no Natal. Nesse momento os grupos religiosos organizados me deixaram totalmente cético devido à sua agenda política ou ao comportamento pouco admirável dos seus líderes. Esses líderes estão falando de alguma coisa que parecem não viver, porque quando eles entram aqui, é por causa de alguma questão política. Eles apenas estão querendo aparecer, e realmente não há outro interesse além desse.

Os prisioneiros logo detectavam as figueiras falsas porque eles não têm muito que fazer, a não ser analisar as pessoas. E eles provavelmente se tornaram muito bons em julgar o caráter porque, se não fizessem isso, poderiam não ficar vivos por muito tempo.

Sua generosidade altruísta veio como uma agradável surpresa e me obrigou a reavaliar a minha visão com relação aos ministros. Qualquer ministro que doa de uma maneira tão significativa a prisioneiros que não têm o favor de muitas pessoas nesses dias, certamente deve estar ocupado com os caminhos de Deus. Não sou cristão e admito que duvido que um dia o serei. Mas reconheço e sinceramente aprecio a decência humana, como vocês demonstraram com sua generosidade, sua compaixão e seu trabalho. As prisões, como vocês devem imaginar, se tornaram ambientes bastante áridos e duros nas últimas décadas, talvez por causa do egoísmo... Não tenho palavras para transmitir adequadamente a sensação de felicidade e entusiasmo que a entrega inesperada de presentes espalhou dentro de todo o presídio. Seus presentes fizeram as pessoas se sentirem melhor de uma maneira perceptível, não apenas porque recebemos presentes materiais, mas devido à compreensão que acompanhou os presentes de que existem

pessoas decentes lá fora que não nos desprezam, mas pensam em nós nesta época do ano. Seus presentes farão muito para abrandar o meu ceticismo e ressentimento com relação às pessoas lá de fora quando eu estiver livre outra vez.

Oramos pela salvação deste presidiário no meu ministério, de modo que esperamos ouvir notícias dele novamente, de que ele recebeu o Senhor. Mas veja o que acarretou tudo isso. Todos aqueles voluntários se sentaram em um depósito vazio e frio e fizeram o que algumas pessoas poderiam pensar que era um trabalho que não teria muito efeito — colocar sabonete, xampu e um livro em uma sacola de plástico, em vez de tirarem a noite de folga e terem as suas horas normais de sono. O que aqueles voluntários realmente estavam fazendo era demonstrar o fruto do Espírito a pessoas que não acreditariam no que lhes dizíamos, a não ser que mostrássemos a elas algo real.

Eis outra carta que recebemos de um presidiário:

Olá, escrevo do Centro Correcional de Jefferson City, e desejo a vocês um Feliz Natal. Eu quis enviar esta cara e agradecer a vocês todos pelo seu ato de bondade, generosidade e amor. É raro um ministério que dedica tempo para compartilhar a Palavra de Deus com um monte de presidiários. Ainda mais raros são aqueles que vão além de compartilhar a Palavra e mostram como os verdadeiros cristãos demonstram o amor de Deus aos que os cercam.

Vi muitos grupos entrarem neste presídio e depois saírem pela porta, pensando que o trabalho deles estava terminado. Apenas aparecendo por aqui, vocês fizeram mais com este único ato para demonstrar o amor de Deus aos homens que estão por trás destes muros, do que uma dúzia de outros ministérios combinados.

A carta do presidiário continuou:

Este compromisso, eu sei, deve ter custado muito a vocês, mas ele tocou muitas vidas com um único ato de bondade. Vocês vieram para mostrar o amor de Deus com o seu ato de bondade.

Amor — Você o Tem Dentro de Você

Este homem reconheceu o fruto do Espírito provavelmente sem saber o que ele é.

> Há uma expressão usada pelos presos aqui que diz tudo o que quero dizer: "Seja quem você diz que é." Isso quer dizer que se você disser que vai fazer alguma coisa, faça. Se você não é um homem de palavra na prisão, então você não é nada.
>
> Quando um grupo cristão vem aqui e prega sobre mostrarmos o amor de Deus em tudo o que fazemos, e depois simplesmente vai embora, eles mostram para os caras aqui dentro que as palavras que eles acabaram de ouvir são apenas isso, palavras. Mas vocês mostraram a eles que existe um povo que não apenas prega a Palavra de Deus, mas executa as Palavras de Deus em sua vida e em seus atos. E que quando dizem que Deus os ama, eles também demonstram isso. Para dar um exemplo do efeito que os seus atos tiveram sobre os homens aqui, deixe-me explicar um pouco como é a nossa vida no presídio.
>
> A vida diária atrás dos muros de uma prisão consiste em raiva, dor, tormento e atos hostis. Você ouve pessoas gritando só para chamar a atenção. Você as vê praguejando, dando ataques e recriminando os que estão em volta só para sentirem que têm algum valor. Há vezes em que o barulho fica tão alto nesta unidade prisional, que um tiro poderia ser dado sem ser ouvido. Mas, na noite passada, depois que nos entregaram os pacotes, tudo ficou tão quieto, que quase podíamos ouvir as páginas do seu livro sendo viradas.
>
> Eu pude sentir uma paz que nunca senti antes atrás dos muros desta prisão, descendo até o coração daqueles homens que passaram uma vida inteira tentando endurecê-lo para não sentirem a dor que sempre sentiram.

O que aconteceu foi que de repente cada cela ficou cheia da Palavra. Cada cela tinha um livro sobre como aplicar a Palavra à sua vida, um ensinamento prático: *O Campo de Batalha da Mente, Se Não Fosse Pela Graça de Deus, A Raiz de Rejeição, Beleza em Vez de Cinzas* ou *Eu e Minha Boca Grande!*

Outra carta de um prisioneiro dizia:

Capítulo 7

> Seu livro, nos três dias que levei para lê-lo, fez mais por mim do que anos de psiquiatria, psicologia, aconselhamento e conversas com pessoas diferentes [...].

As pessoas precisam ter a Palavra!

> Esta manhã, quando fui até o refeitório, vi mais sorrisos nos rostos das pessoas do que já vi desde que estou aqui. Dizer que o seu ato de amor tocou muitos homens aqui seria dizer muito, muito pouco.

Meu marido, meu filho David e minha filha Sandra foram com outras pessoas até à área de segurança máxima, onde as pessoas estão no corredor da morte. Eles podiam olhar os prisioneiros somente por pequenas aberturas através das quais lhes entregaram o livro com os outros artigos. Sandra disse: "Um homem olhou para mim. A dor e a desesperança nos seus olhos eram simplesmente inacreditáveis. Oramos com ele e dissemos que Deus o amava e que se importava com ele."

> A Palavra de Deus em um livro fez mais em três dias do que anos de psiquiatria e aconselhamento psicológico.

Quem sabe que tipo de corda de salvação isso pode ter sido para ele. Existem muitos ministérios poderosos além dos que são vistos nos palcos e nos púlpitos de pregação. Nossos membros que vão às prisões às vezes se encontram no escritório às seis da manhã, quatro vezes por semana, para ir até os presídios. E eles estão fazendo um trabalho poderoso. Quando mostrarmos os frutos, Deus usará os nossos dons.

Precisamos simplesmente nos envolver com o negócio de mostrar o amor de Deus. Mostrá-lo não apenas na igreja, mas começando em nossa casa. Às vezes as pessoas a quem tratamos pior são aquelas que sabemos que não podem fugir de nós — as pessoas que pensamos que temos de tolerar. Esse é um dos motivos pelo qual tantos casamentos estão fracas-

Amor — Você o Tem Dentro de Você

sando hoje — mais cedo ou mais tarde as pessoas se cansam desse tipo de tratamento e não querem mais tolerá-lo.

ANDE NO CAMINHO MAIS EXCELENTE COM UM ESPÍRITO EXCELENTE

Como vimos, a Bíblia nos diz que o amor é o caminho mais excelente. Paulo disse: *"Esta é a minha oração: Que o amor de vocês possa abundar..."*[6] Quando pensamos em algo abundante, pensamos que significa que ele cresce e a ponto de ficar tão grande que suplanta as pessoas, envolvendo-as e subjugando-as. E Paulo fez essa oração pela igreja. No versículo seguinte, ele disse: *"Para que possam aprender a sentir o que é vital, e aprovar e valorizar o que é excelente e de real valor,"*[7] que vocês possam aprender a escolher e a valorizar o que é excelente, de real importância, e que vocês possam aprender a saber a diferença.

Abundar em amor é a coisa mais excelente que podemos fazer. E precisamos fazer tudo com um espírito excelente. Não podemos ser uma pessoa excelente sem andar em amor, e não podemos andar em amor sem ser uma pessoa excelente. Como podemos dizer que estamos andando em amor se não estamos tratando as pessoas com excelência?

> Abundar em amor é a coisa mais excelente que podemos fazer.

Se eu for uma pessoa medíocre, tratarei as pessoas de modo medíocre. É muito importante ser uma pessoa de excelência — fazer o nosso melhor todos os dias em tudo o que cremos que Deus está nos pedindo para fazer, para sempre fazer cada trabalho segundo o máximo da nossa capacidade. A Bíblia nos diz que Daniel era um homem de excelência. Por causa do espírito de excelência de Daniel, o rei quis promovê-lo.[8]

A boa notícia é que Deus não está esperando que compartilhemos alguma coisa com alguém que Ele não tenha nos dado. Como Deus poderia esperar que amássemos as pessoas que não são amáveis se Ele não nos equipasse para sermos capazes de fazer isso? E quanto mais usamos o fruto do Espírito em situações que exigem que o utilizemos, mais ele cresce.

Capítulo 8

Fidelidade — Não Desista Jamais

ma das lições mais importantes que podemos aprender é sermos fiéis em alguma coisa até que Deus nos diga que completamos a nossa missão com aquilo. Há momentos em que Deus nos tirará de um lugar e nos colocará em outro — não há dúvidas quanto a isso. Mas não creio que Deus mude o Seu plano com muita frequência.

Quando Dave e eu encontramos a igreja que frequentamos por vinte anos, a *Life Christian Church*, ela era novinha em folha, e só tinha cerca de trinta pessoas que a frequentavam. Eu sabia que era ali que Deus queria que eu estivesse porque realmente sentia a unção de uma maneira muito forte. E quase que imediatamente houve uma espécie de ligação divina entre o nosso pastor Rick e sua esposa Donna e Dave e eu. Estamos comprometidos com esse relacionamento por mais de vinte anos.

O relacionamento nem sempre foi fácil, principalmente para Rick e Donna, quando trabalhavam comigo. Juntamente com meu marido, os outros membros do corpo que Deus usou para me ajudar a crescer e a consertar os meus erros foram Rick e Donna. Rick me disse há muito tempo: "Joyce, você e eu somos bocas no corpo de Cristo. Você é uma boca." Isso é verdade porque o meu dom é a comunicação. Mas, naqueles dias, quando o meu fruto era muito imaturo, eu realmente era uma boca. Não apenas

Capítulo 8

todos os meus dons procediam da minha boca, como também, confirmando o que a Bíblia diz, *"... a boca fala do que o coração está cheio"*;[1] e eu me metia em muitos problemas por causa de todas as outras coisas que eu permitia que saíssem dela. Mas por causa da nossa fidelidade em permanecermos comprometidos com o relacionamento, vimos frutos tremendos procederem dele.

Uma pessoa fiel sabe o que Deus colocou em seu coração, e embora muitas vezes ela sinta vontade de desistir, não desiste. Ela não deixa um lugar porque quer ir embora, ou um emprego porque não quer mais trabalhar ali. Não abre mão de um relacionamento porque não quer mais se incomodar com certas coisas que dizem respeito a ele. Uma pessoa fiel é comprometida em fazer o que Deus lhe disser para fazer independentemente do que isso lhe custe em nível pessoal.

COMPROMISSO COM O PLANO DE DEUS

Uma pessoa fiel vê algo do princípio ao fim. Existem tantos divórcios e tanta troca de emprego e de igreja na nossa sociedade hoje porque muitas pessoas não entendem o que significa compromisso. Anos atrás, as pessoas não ficavam trocando de uma igreja para outra como fazem hoje. Elas entendiam que, para qualquer lugar que fossem, elas não gostariam de tudo que aconteceria ali. Poderíamos muito bem ir para algum lugar e ficar ali. Uma maneira de crescermos é nos firmando em alguma coisa.

O mundo precisa ver estabilidade e fidelidade em nós. Deus certo dia me trouxe esta convicção: "Eu coloquei o Meu povo estrategicamente em todos os lugares — em todos os lugares." Entendi que o mundo inteiro não está cheio de pessoas que não amam a Deus, como costumamos pensar. Vi claramente que muitos crentes estão lá fora, mas muitas vezes não conseguimos dizer quem são eles. Deus está esperando que amadureçamos e que exibamos consistentemente o fruto do Seu Espírito para que sejamos reconhecidos por quem somos e pelo que somos. Há muitas pessoas com necessidades profundas na nossa sociedade, e os cristãos devem estar preparados para lhes dar respostas que as ajudarão. Entretanto, muitos crentes em Jesus Cristo apenas querem pregar para as pessoas, mas não querem demonstrar consistentemente o fruto do Espírito, que é a verdadeira evidência do nosso Cristianismo.

A Bíblia diz que devemos ser sal e luz.[2] Jesus é a luz do mundo,[3] e devemos deixar que as pessoas vejam a Sua luz da vida em nós.

> **Uma maneira de crescermos é nos firmando em alguma coisa.**

Provavelmente todos nós conhecemos pessoas que nos deixam felizes quando as vemos entrar em um lugar. Os cristãos que deixam a sua luz brilhar podem mudar a atmosfera de uma sala quando entram nela. Os incrédulos deveriam sentir como se uma luz entrasse quando passamos por uma porta, embora não entendam realmente o que está acontecendo. Eles podem chegar ao ponto de ficarem felizes ao nos ver porque todos no lugar se sentem melhor quando entramos. Quando você chega ao seu trabalho pela manhã, deveria ser como se toda a atmosfera do lugar se iluminasse um pouco mais. As pessoas ficarão ansiosas por tê-lo por perto. Precisamos ser como Jesus se quisermos mostrar Jesus às pessoas.

Quando as pessoas percebem que somos cristãos, elas começam primeiro a fazer uma inspeção sobre nós para decidir se estão interessadas em algum dia ler a Bíblia. Deus está fazendo o seu apelo ao mundo através de nós.[4] A grande maioria das pessoas que nos observa provavelmente experimentou a religião (ao contrário de um relacionamento com Jesus) e teve uma experiência negativa. De modo que, seja o que for que façamos ou onde quer que formos — se fizermos as unhas em um lugar onde não há nenhum outro cristão, no nosso trabalho, no médico ou no dentista, todas as vezes que entramos por uma porta — as pessoas deveriam ficar felizes por nos ver chegar. E quando começarem a nos observar, começarão a ver as características da maneira como Deus quer que vivamos, ainda que elas não tenham aprendido essas características quando eram crianças. A luz de Jesus em nós as atrairá; o fruto e o sal em nós as deixarão famintas e sedentas pelo que temos. Devemos tomar cuidado, porém, para não tentarmos parecer excessivamente religiosos (o que geralmente é detestável),

Capítulo 8

tentando fazer com que todos engulam as nossas catorze versões da Bíblia e os folhetos que temos nos nossos bolsos antes de mostrarmos alguns bons frutos para as pessoas.

O fruto da fidelidade é identificado como *fé* na versão King James, mas muitas versões da Bíblia chamam esse fruto de fidelidade.

Deus é fiel (confiável, digno de confiança e, portanto, sempre fiel à Sua promessa, e podemos depender dele)...[5] (AMP).

Deus é tudo que Ele quer que sejamos. Ele pode esperar que sejamos fiéis porque Ele colocou uma semente desse fruto de fidelidade dentro de nós. Uma pessoa fiel é alguém de quem podemos depender — alguém que aparece quando diz que irá aparecer na hora que diz que estará lá, alguém com quem você pode contar para fazer alguma coisa que ela diz que fará para você. É maravilhoso ter amigos com os quais você pode contar. Você já teve amigos que, embora os amasse, você não podia contar com eles? Isso é péssimo, não é mesmo? Queremos poder contar com as pessoas.

Para sermos fiéis, não podemos nos permitir sermos guiados pelos nossos sentimentos. Temos de ir mais fundo que aquele nível carnal e raso de fazermos o que sentimos, pensamos ou queremos. Para sermos semelhantes a Cristo, precisamos ser fiéis para não desistirmos até termos terminado de fazer o que Deus nos deu para fazer. Precisamos decidir que seja o que for que Ele nos tenha designado para fazer, cruzaremos aquela linha de chegada.

ANTES DE SAIR, VERIFIQUE COM DEUS

Deus nunca desiste de nós, e nunca devemos desistir. Principalmente, não devemos ser o tipo de pessoa que desiste de alguma coisa porque é difícil. Se a unção e a bênção de Deus se retiram de alguma coisa porque Ele terminou de agir naquilo, esse é o momento de parar de fazer aquilo — mas não antes. Há momentos em que Deus o tirará de um lugar para colocá-lo em outro. Mas, nesse caso, realmente precisamos nos certificar de que Deus terminou ali e que não é a nossa carne que não quer seguir em frente até o fim.

> Não desista até que você tenha terminado de fazer o que Deus lhe deu para fazer.

Algumas decisões são menores, mas outras se destinam a serem permanentes, e devemos mantê-las durante toda a vida. Creio que devíamos encarar a decisão que tomamos de frequentar determinada igreja como uma decisão de longo prazo. Dave e eu deixamos algumas igrejas. Em uma das vezes, nós nos mudamos; outra vez, a igreja acabou fechando; de outra vez, eles me pediram para sair porque não concordavam com a minha teologia depois que fui cheia do Espírito!

Não acredito que Deus mude de ideia com frequência sobre qual a igreja que devemos frequentar. Creio que Deus quer que estejamos plantados em um corpo de crentes que nos ajude a crescer. Ele quer que os nossos dons cresçam e floresçam ali, e depois que tivermos aprendido com os outros, Ele quer que possamos ajudar as pessoas que chegam assim como as outras pessoas ali nos ajudaram a crescer.

Também não acredito que precisamos encontrar um novo ministério para atuarmos a cada três ou quatro dias ou meses. É verdade que às vezes precisamos nos levantar em fé e fazer algumas coisas diferentes antes de nos estabelecermos no lugar certo. Mas algumas pessoas sentem que foram chamadas para trabalhar no berçário até que tenham de trocar algumas fraldas sujas. Então, de repente, elas acham que seu chamado mudou para estarem na equipe de louvor, até que o diretor do coral as chame para um ensaio em uma noite em que não querem ir. Então o chamado delas muda para ser um introdutor. Mas, em algumas noites frias em que estão escaladas para ficar no estacionamento, elas de repente acham que foram chamadas para outra coisa. É impressionante quantas pessoas não querem fazer a parte difícil do trabalho, mas todo trabalho tem uma parte difícil que precisa ser feita.

SEJA GRATO PELAS PESSOAS FIÉIS EM SUA VIDA

Conheço muitas pessoas fiéis. Por exemplo, duas pessoas muito fiéis em nossa igreja, que estavam colocando papel de parede em nossa casa, foram para casa para se arrumar e chegar à igreja a tempo de fazer o trabalho delas ali, como faziam todas as noites no horário das reuniões. Quando a nossa igreja tem uma série de reuniões a semana inteira, e essas duas pessoas estão envolvidas nas conferências, elas estão sempre ali, fielmente, como introdutoras ou para fazer o que quer que estejam comprometidas em fazer, uma reunião após outra, uma conferência após outra. Nem sempre é divertido trabalhar em reuniões todas as noites durante uma semana. O corpo delas fica cansado como o de qualquer pessoa, e elas também sentem isso quando se levantam e vão trabalhar pela manhã. Mas elas são pessoas fiéis, muito fiéis.

Meu marido não fica no púlpito durante as reuniões como eu fico na maior parte do tempo, de modo que ele não fica tão visível, mas é um exemplo de homem fiel. Ele é um amigo fiel, um marido fiel e um pai fiel; é fiel nas suas responsabilidades no ministério.

Dave foi batizado em uma igreja denominacional que dá a cada pessoa um versículo bíblico quando ela é confirmada na fé e batizada. Trata-se de uma Escritura para toda a vida, que será importante para a pessoa ao longo de toda a sua vida. Ele recebeu como sua Escritura Apocalipse 2:10: *"Seja fiel até a morte, e eu lhe darei a coroa da vida."*

A palavra *fiel* é definida como: "Firme na união à verdade e aos deveres da religião."[6] No dicionário que estou usando, o *American Dictionary of the English Language de Noah Webster*, 1828, um versículo bíblico é inserido depois de quase todas as definições. E o versículo que segue a definição de fiel é: "Seja fiel até a morte, e eu lhe darei a coroa da vida. Ap. 2"; o versículo da vida de Dave que lhe foi dado quando ele foi batizado!

Esse dicionário se baseia na Palavra de Deus, portanto podemos entender por que ele define a palavra "religião" como "relacionamento com Deus". Para termos um relacionamento com alguém, existem certos deveres envolvidos nesse relacionamento, certas coisas que precisamos fazer para mantê-lo saudável. Da mesma maneira, precisamos ser fiéis aos deveres do nosso relacionamento com Deus. Precisamos ser fiéis a Deus em oração, no nosso estudo bíblico, na adoração e na frequência à igreja.

A definição de fiel continua: "2. Unido firmemente ao dever [...] leal [...] 3. Constante no desempenho dos deveres ou serviços; pontual em atender ordens; como um servo fiel."

Essa última parte da definição significa ser correto em atender ao que uma autoridade nos dá para fazer. Em outras palavras, quando um chefe, um pastor, nossos pais, um marido ou outra autoridade nos dá uma instrução, como pessoas fiéis, devemos fazer exatamente o que nos foi pedido para fazer. Algumas pessoas fazem um pouco do que lhes foi pedido para fazer e um pouco do que elas querem fazer. Se você, como empregador ou outra autoridade, já teve pessoas que cumpriram as suas instruções dessa maneira, sabe o quanto isso é irritante. Você pede à pessoa para fazer alguma coisa e, ao pensar que o que você pediu não estava tão certo, ela o modifica só um pouquinho. Ela acha que têm uma ideia que tornará a coisa melhor. Então você termina com um resultado que não atenderá ao propósito que você queria no início. Gosto muito das pessoas que simplesmente fazem o que eu lhes peço para fazer.

No primeiro livro de Samuel, a Bíblia nos dá um exemplo de alguém que tinha um problema de não seguir as instruções de Deus exatamente. Saul, a quem Deus promoveu para se tornar o primeiro rei de Israel, tinha um problema em seu coração. Quando Deus pedia a Saul para fazer alguma coisa, ele fazia setenta e cinco ou oitenta por cento do que Deus lhe pedia para fazer, mas sempre fazia um pouquinho do que ele queria fazer. O resultado foi que, no fim, Deus o rejeitou como rei de Israel.

A versão de 1828 de Webster inclui na sua definição de fiel os seguintes exemplos:

> **"4. Um governo deve ser fiel aos seus tratados; aos seus indivíduos, à sua palavra."**
>
> **"6. Fiel à aliança de casamento; como uma esposa ou um marido fiel."**
>
> **"8. Constante; não instável; como um namorado ou amigo fiel."**
>
> **"9. Verdadeiro; digno de confiança. 2 Tm 2."**

É tão precioso ter pessoas em nossa vida em quem podemos acreditar. Há alguns anos, comecei a ter alguns problemas de pressão que foram bastante graves por algum tempo, e que desde então estão sendo tratados. Quando comecei a ter esses problemas, eu estava comprometida com diversas conferências. Naquela época, eu estava fazendo três, até quatro conferências por mês. Nunca sabia exatamente como ia me sentir.

Capítulo 8

Até passar o tempo de crise, que durou alguns meses, eu tinha um amigo que, embora estivesse ocupado pastoreando uma igreja, acompanhava-nos em nossas conferências e ficava simplesmente sentado ali, caso eu precisasse dele. Ele podia receber as ofertas ou subir e fazer uma exortação. Muitas vezes ele nem sequer pregava. Ou algumas vezes ele pregava em uma das sessões da manhã, e eu pregava nas outras sessões. Quando alguém está disposto a fazer algo assim por você, isso é fidelidade.

Quando temos um amigo fiel como esse, precisamos ser gratos a essa pessoa. Precisamos realmente ser gratos por todas as pessoas em nossa vida que têm sido fiéis.

> **Ter pessoas em sua vida nas quais você pode acreditar é muito valioso.**

De acordo com o dicionário Webster de 1828, a palavra fielmente[7] significa se comportar "[...] de uma maneira fiel; com boa fé. 2. Com adesão estrita à fidelidade e ao dever [...] 3. Com observância estrita às promessas, aos votos, às alianças ou aos deveres; sem falha no desempenho; honestamente; exatamente [...] 4. Sinceramente; com forte confiança [...]".

É importante para a tendência entre muitos cristãos que não desenvolveram o fruto da fidelidade que eles voltem a ser fiéis em tudo o que fazem. Para algumas pessoas, simplesmente fazer o que dizem que vão fazer, independentemente de como se sintam, seria um grande progresso.

Se você quer ser usado por Deus, ou se você está sendo usado por Ele, mas quer ser usado de uma maneira maior, lembre-se sempre disto: *Deus só promove homens e mulheres fiéis.* Deus promove aqueles que provaram ser fiéis. Depois, quando você provou que é fiel em uma área ou um nível, Deus o promoverá a outro nível.

COMPROMISSO, A REDE DE SEGURANÇA

Aprender sobre fidelidade e compromisso é uma das coisas mais importantes que você pode fazer. É de compromisso que precisamos. O compro-

Fidelidade — Não Desista Jamais

misso é uma rede de segurança para nós. Ele nos mantém fazendo as coisas que precisamos fazer mesmo quando não sentimos vontade de fazê-las. Ao sabermos que estamos comprometidos com alguém em fazer alguma coisa, muitas vezes o faremos por nenhum outro motivo além de proteger a nossa honra.

> **Deus promove as pessoas que provaram ser fiéis.**

Existem muitas pessoas que querem ser promovidas, mas elas não querem ser fiéis. E muitas pessoas que não são promovidas no tempo delas correm para outro lugar para ver se serão promovidas ali. Algumas vezes no nosso ministério, observamos pessoas que têm dons e talentos fortes os quais planejamos promover para liderança ou administração. Mas, alguns meses antes de receberem uma promoção, ou um aumento que vinha sendo desejado, elas decidem correr para outro lugar onde acham que encontrarão o que querem. A meu ver isso é muito sério e perturbador, realmente. Muitos planos foram frustrados por causa da falta de fidelidade; deve haver muitas pessoas no corpo de Cristo que estão tentando encontrar o seu caminho, mas nunca ficaram em um lugar tempo suficiente para encontrá-lo.

QUANDO DEUS ESTIVER PRONTO PARA PROMOVÊ-LO, NINGUÉM PODERÁ IMPEDIR

Mais uma vez, é muito importante não deixar um lugar a não ser que você esteja certo de que Deus quer que você saia. Você pode querer sair porque está passando por circunstâncias desagradáveis, mas, entenda, Deus pode estar testando você. Se está zangado com o líder, entenda que Deus pode estar purificando seu coração e testando você antes que Ele o dirija para o próximo nível. Uma coisa a respeito da qual você pode ter certeza é sobre o fato de que quando você é fiel a Deus e à sua posição, quando Deus estiver pronto para promovê-lo, nada poderá detê-lo.

Capítulo 8

Quando Deus estiver pronto para promovê-lo, se a pessoa que está em posição de autoridade sobre você não fizer o que Deus estiver lhe dizendo para fazer, Deus o colocará debaixo da autoridade de alguém que irá ouvi-lo e fará o que Ele diz. De modo que, se seus dons e talentos não estão sendo usados na posição em que você está, tome cuidado para vigiar sua atitude, para não ficar amargo. Espere para ter certeza de que é Deus quem está lhe dizendo para sair e não o diabo tentando tirar você desse lugar cedo demais, porque ele sabe que você poderia perder uma bênção que está do outro lado da esquina.

Em minha opinião, é melhor ficar e se demorar um pouco mais do que sair cedo demais. Permaneci no meu trabalho na igreja durante um ano inteiro depois que Deus me disse para sair, e eu não estava sendo teimosa ou desobediente conscientemente. Se eu tivesse saído antes que Deus me dissesse para sair, teria sido um dos maiores erros da minha vida. Eu estava a ponto de ter o meu próprio ministério. Antes que eu fizesse algo assim, tinha de ter certeza de que Deus havia me dito para fazer aquilo. Eu tinha um bom emprego ali, e já tinha um bom ministério. Não queria me transformar na louca da cidade! Então eu disse: "Deus, prove-me que Tu queres que eu faça isso."

Depois daquele ano, eu realmente me senti como se estivesse perdendo a unção quando ministrava. Lembro-me de que em uma das reuniões de manhã eu disse: "Deus, o que há de errado comigo?" Ele me respondeu: "Joyce, eu lhe disse há um ano para começar o seu ministério, e você ainda está aqui."

Fiquei um pouco mais do que deveria, mas estou feliz por ter feito isso porque quando saí, não havia dúvida em minha mente de que era Deus quem estava me dizendo para sair. Se você tomar a importante decisão de mudar para algo diferente sem saber ao certo que Deus lhe disse para fazer isso, você ficará se perguntando se fez a coisa certa quando sofrer ataques de Satanás. Você pode ficar confuso se tudo não estiver acontecendo tão depressa quanto você pensou que aconteceria. Então você se perguntará pelo restante da vida se fez a coisa certa. Ler isto pode ser transformador se você estiver sendo tentado agora mesmo a fazer alguma coisa que Deus não está lhe dizendo para fazer, principalmente se você estiver pensando em iniciar o próprio ministério ou negócio.

Quando eu trabalhava para a minha igreja, meu pastor tinha de ter fé para pagar o meu salário. Agora, com o meu ministério, tenho mais de quatrocentas e cinquenta pessoas que precisam ter fé para receber o dinheiro que paga o salário delas. E qualquer falha que possamos ter quando estamos por conta própria aparece muito depressa quando não temos outra pessoa para consertar os nossos erros.

No Salmo 12:1 lemos que Davi disse: "*Salva-nos, Senhor! Já não há quem seja fiel; já não se confia em ninguém entre os homens.*" Se Davi disse isso naqueles dias, devíamos saber que ser fiel é tão importante hoje quanto era naquela época. Muitos líderes hoje sabem o quanto é difícil encontrar pessoas que sejam realmente fiéis, pessoas que fiquem ao lado do seu líder quando descobrem que ele não é perfeito e tem falhas, pessoas que não iniciem contendas. A Bíblia diz: "*O amigo ama em todos os momentos; é um irmão na adversidade.*"[8] Em outras palavras, um verdadeiro amigo é uma pessoa que nasce para ficar ao seu lado nos seus dias bons e nos dias não tão bons.

Creio que uma das coisas mais tristes na nossa sociedade hoje é que não temos esse tipo de lealdade e compromisso. Muitas pessoas perdem muito porque não são fiéis para ficar com alguma coisa até que Deus lhes diga para fazer outra coisa. Ainda mais triste é o fato de que a maioria delas não saberá que bênçãos incríveis perderam.

O Salmo 12 continua: "*Cada um mente ao seu próximo; seus lábios bajuladores falam com segundas intenções*" (v. 2). Precisamos de homens e mulheres com propósitos que possam firmar o coração em alguma coisa e permanecer firmes na sua decisão sem ser vacilantes e sem dizer palavras vazias, que não mudem de ideia e pretendem realmente executar o que dizem. Não precisamos de homens que acreditam em uma coisa em um dia e no dia seguinte não acreditam mais naquilo. Em um dia, eles gostam de você, e estão a seu favor, e no dia seguinte não gostam de você e estão contra você.

Dave e eu sempre estaremos apegados um ao outro.

Existem algumas pessoas que trabalham com Dave e comigo que acredito que estarão conosco enquanto estivermos no ministério.

Existem muitos exemplos na Bíblia de pessoas fiéis. Moisés era fiel em toda a casa de Deus. Isso significa que ele foi fiel para fazer corretamente os deveres que Deus lhe deu para realizar dia após dia, mês após mês, ano após ano, mesmo quando não sentia vontade de ser fiel. Moisés

Capítulo 8

era tão fiel que mesmo quando sua irmã Miriã e seu irmão Arão falaram contra ele, ele obviamente os amou e permaneceu fiel a eles. Moisés tinha tanta fidelidade dentro de si, que, embora as pessoas que o cercavam não fizessem o que era bom para ele, ele continuava com a mesma atitude.

Moisés era um homem que havia desenvolvido o caráter de Deus. A Bíblia nos diz que Deus permanece fiel mesmo quando somos infiéis.[9] É assim que Deus quer que sejamos. Se todos os demais foram infiéis, nós permanecemos fiéis. Se você sente como se fosse o único que estivesse sendo bom, o único que pede desculpas ou tenta fazer a coisa certa, continue fazendo isso. Continue dando esse fruto de fidelidade.

A Bíblia nos fala sobre os muitos exemplos na vida de José da sua grande fidelidade. Quando a mulher de Potifar o tentou, deve ter sido extremamente difícil para ele resistir. Aquela mulher passou muito tempo tentando seduzi-lo. Além de ter o pensamento de que ele poderia ser morto se não resistisse a ela, José também teve de lidar com a tentação que, como um jovem, teve de sofrer na sua carne. Ele era um jovem que tinha emoções como qualquer outra pessoa. Mas José foi fiel a Deus e resistiu a essa tentação, embora isso significasse que ele passaria anos na prisão por algo que não cometeu. E por causa da fidelidade de José, Deus não apenas o tirou da prisão, como também o promoveu para uma posição de governo sobre o Egito abaixo de Faraó!

Charlotte — a assistente geral que administra o departamento de telefonia, processamento de dados, oração e correspondência de nosso ministério — era uma pessoa tão cheia de medo, que tremia e chorava quando tentava falar comigo. Quando eu tentava lhe dar mais responsabilidades, ela dizia: "Não sei se consigo fazer isto."

Certo dia, eu lhe disse: "Charlotte, você precisa superar isso. Não temos tempo para passar por isso o tempo todo." Enquanto lê isto, você deve estar pensando: *Que indelicadeza...* Mas Charlotte foi para casa e falou com Deus sobre o assunto e Ele lhe disse: "É hora de você crescer." Charlotte tomou uma atitude e começou a mudar. Ela ficou tão bem que começamos a promovê-la. Recentemente, escolhemos seis pessoas em toda a nossa organização para serem gerentes de divisão. Queríamos pessoas fiéis que não sairiam depois de meses ou um ano depois de investirmos muito tempo e esforço treinando-as. Temos muitas pessoas maravilhosas e fiéis

80

e sou muito grata por tê-las, mas só podíamos escolher seis gerentes de divisão, e Charlotte foi uma dessas pessoas.

Posso quase garantir que, para você crescer, Deus colocará alguém na sua vida para corrigi-lo. No dia em de corrigi Charlotte, ela poderia ter ido para casa dizendo: "Não tenho de aguentar isso. Aquela mulher é insensível. Ela é dura e não entende o que passei e porque tenho tanto medo." Mas, em vez disso, Charlotte foi para casa e ouviu a voz de Deus, e não os seus sentimentos. Muitas pessoas simplesmente precisam crescer em vez de se tornarem pessoas que desistem com facilidade e que fogem toda vez que alguém as corrige ou sempre que não gostam da maneira como as coisas estão indo. Do contrário, não terão o que é preciso para ser o que Deus precisa que elas sejam.

> Quando Deus promover você, nada poderá detê-lo.

A Bíblia nos diz que Eliseu foi fiel a Elias embora, pelo que lemos sobre Elias, ele provavelmente tenha sido um homem severo. Quando Elias morreu, Eliseu recebeu uma porção dobrada da unção que estava sobre a vida de Elias. Algumas pessoas precisam ficar firmes junto a seus líderes por tempo suficiente para receberem uma porção da unção das pessoas sob cuja autoridade elas estão.

Continue produzindo esse fruto de fidelidade em tudo que você fizer, embora nem sempre seja fácil. Se você for fiel nas pequenas coisas, Deus o colocará sobre muito.[10] Quando chegar a hora e Deus promover você, ninguém poderá detê-lo. Ser fiel o levará ao tipo de vida excepcional que Deus realmente quer que você tenha.

Capítulo 9

Bondade — Faça o Bem Aonde Quer Que Você Vá

DEUS É BOM

O fruto da bondade baseia-se no princípio de que Deus é bom e manifestará a Sua bondade instruindo-nos nos Seus caminhos.[1] Portanto, se Deus nos instrui nos Seus caminhos, e Ele é bom, então Deus precisa instruir-me sobre como ser boa, como deixar que a sua bondade flua através de mim. Aprender a ser bom para as pessoas, por mais difícil que possa parecer algumas vezes, é um requisito básico para experimentarmos a bondade de Deus em nossa vida diária.

Você já percebeu como ficamos entusiasmados quando alguém é bom para nós? Podemos dizer: "Ela é uma pessoa tão boa." Ou "Ele é tão bom para mim." Mas no que se refere a ser bom para alguém, não estamos nem de longe interessados. É hora de tirar a nossa mente de nós mesmos e dizer: "De agora em diante, Deus, todos os dias vou ser bom para alguém. Na verdade, todos os dias, o dia inteiro, serei bom para todas as pessoas."

Se você pensar nisso, existem várias maneiras de ser bom para as pessoas. As pessoas estão famintas por alguém — qualquer um — que lhes mostre o amor de Deus. Demonstrar amor começa com um simples ato de

Capítulo 9

bondade. Para demonstrar o caráter de Deus, você precisa fazer a escolha de ser bom para as pessoas.

Comece a pedir a Deus para desenvolver o fruto da bondade dentro de você. Peça a Deus para colocar oportunidades no seu caminho que lhe permitam demonstrar bondade diariamente a alguém. Peça a Deus para demonstrar o Seu caráter através de você. Para fazer alguém se sentir melhor, distribua alegria, faça alguém feliz. Peça a Deus para usá-lo como um instrumento para abençoar alguém. Você ficará impressionado ao ver como a sua vida mudará simplesmente tirando a sua mente de si mesmo, do *seu* problema, dos *seus* desejos e das *suas* necessidades. Deixe a sua lista de desejos nas mãos de Deus. Em vez disso, concentre-se em ser uma bênção por onde quer que você vá. Você ficará surpreso ao ver quantos dos desejos da sua lista serão cuidados por causa da sua bondade para com os outros.

Vamos voltar aos princípios básicos. Deus é bom. Em todo o tempo.[2] A Bíblia diz que Deus é bom para os justos e injustos. A Bíblia também diz que a Sua bondade é reservada para aqueles o temem, reverenciam e adoram: *"Como é grande a tua bondade, que reservaste para aqueles que te temem, e que, à vista dos homens, concedes àqueles que se refugiam em ti."*[3]

Observe a expressão *à vista dos homens.* Isso me diz que se eu não for uma cristã dentro do armário, mas for aberta e viver o meu Cristianismo diante dos filhos dos homens, Deus armazenará a Sua bondade para mim. Atualmente, existem várias pessoas que professam ser cristãs, mas não querem admitir ou viver seu Cristianismo fora do seu círculo cristão. Existem muitos "cristãos de domingo de manhã" que na segunda-feira se parecem muito com os que nunca afirmaram ser cristãos.

Assim fui há vinte e dois anos, quando eu era cristã havia anos e participava da diretoria da igreja, meu marido era um presbítero da igreja, nossos filhos frequentavam escolas cristãs, nossa vida social girava em torno da igreja e tínhamos vários adesivos cristãos para cada carro — aquela coisa toda. Entretanto, na minha vizinhança, não se podia dizer a diferença entre o meu comportamento e o de qualquer outra dona de casa da nossa quadra que não era salva. No trabalho, não se podia ver nenhuma diferença entre o que eu dizia ou fazia e qualquer dos meus colegas de trabalho que não eram salvos. Talvez houvesse alguma diferença, mas não o suficiente para ser notada. Eu não estava tomando posição ao lado de Deus como deveria.

Isso acontece com muitos de nós. Por temermos ser rejeitados, isolados ou ridicularizados, temos medo de tomar posição e dizer: "Realmente não quero ouvir nenhuma piada suja. Sou cristã e não quero ouvir linguagem obscena. Não estou realmente interessada em assistir a um filme sobre sexo, ou frequentar bares depois do trabalho. Isso não tem nada a ver comigo. A minha vida e o meu relacionamento com Deus são importantes demais para mim." É isso que a Bíblia quer dizer quando fala: "... *aqueles que te temem, e que, à vista dos homens, [...] se refugiam em ti!*"

Isso elimina o Cristianismo morno e que faz concessões à sua fé. Ler sobre o fruto do Espírito, especificamente sobre a bondade, não lhe fará bem algum a não ser que você esteja pronto para tomar uma posição cem por cento firme ao lado de Cristo.

DEUS ESTÁ ESPERANDO PARA SER BOM PARA VOCÊ

Não é por acidente que você está vivendo nesta época da história da Igreja. Acredito firmemente que Deus escolheu a dedo aqueles que Ele queria que estivessem vivendo durante a época em que Jesus voltará. Não encaro levianamente a responsabilidade que Deus me deu. E juntamente com a oportunidade vem a responsabilidade. É hora de parar de fazer concessões.

A Bíblia diz: "*Certamente que a bondade e a misericórdia me seguirão todos os dias da minha vida.*"[4] *Certamente.* Leia isto novamente. *Certamente* a bondade e misericórdia seguirão você. Nada mau, nada negativo. Somente bondade e misericórdia. Bondade e misericórdia o seguirão onde quer que você vá. As duas trabalham de mãos dadas porque Deus não pode ser bom com você sem que você receba a Sua misericórdia. Não podemos *merecer* a bondade de Deus porque, como pessoas, não somos perfeitos e cometemos erros. Então a bondade de Deus para conosco requer a Sua misericórdia.

A bondade e misericórdia o seguirão
todos os dias da sua vida.

Capítulo 9

Embora não sejamos perfeitos e cometamos erros, podemos pelo menos tomar uma posição firme ao lado do Senhor.

Moisés disse ao Senhor em Êxodo 33:13: *"Eu oro, se encontrei favor aos Teus olhos, mostra-me agora os Teus caminhos..."*. Outra versão diz: *"... deixa-me conhecer os Teus caminhos..."*. Mostra-me os Teus caminhos. Eu amo isso. Muitas pessoas só querem ver os atos de Deus, mas Moisés queria ver os Seus caminhos. Ensina-me os caminhos, ensina-me os Teus caminhos, Deus. Um dos caminhos de Deus é a bondade. A Bíblia continua no versículo 18: *"Então disse Moisés: 'Peço-te que me mostres a tua glória.' E Deus respondeu: 'Diante de você farei passar toda a minha bondade'..."* (versículo 19).

Esse é um pensamento tremendo. *Farei toda a minha glória passar diante de você.* Creio que Deus deseja a mesma coisa para todos nós — que toda a Sua bondade passe diante de nós. Deus quer que você realmente entenda o quanto Ele quer ser bom para você. Deus deseja derramar a Sua bondade sobre você.

Mas Deus também disse: *"Você não poderá ver a minha face, porque ninguém poderá ver-me e continuar vivo... Há aqui um lugar perto de mim, onde você ficará, em cima de uma rocha. Quando a minha glória passar, eu o colocarei numa fenda da rocha e o cobrirei com a minha mão até que eu tenha acabado de passar. Então tirarei a minha mão e você verá as minhas costas; mas a minha face ninguém poderá ver."* [5] Li essa passagem da Bíblia durante anos sem realmente entendê-la. Então, um dia, Deus de repente me trouxe a revelação acerca desses versículos.

Basicamente, o que Deus disse foi: "Vou esconder você aqui na fenda da rocha...", o que eu acredito que representa Jesus, porque estamos escondidos em Cristo. Ele continuou dizendo: "Vou passar e colocarei a minha mão sobre você para que você não possa ver a minha face." Em outras palavras, "Você não pode me ver chegando. Quando eu tiver passado, retirarei a minha mão e você poderá me ver por trás." O meu entendimento dessa passagem é que, como cristão, você pode estar em um problema desesperador. Talvez você tenha esperado por muito tempo, e Deus tem se movido em sua direção a cada segundo de cada dia com a resposta. Mas você não pode vê-lo chegando. Lembre-se de que estamos escondidos em Cristo. Embora a nossa necessidade não tenha sido atendida de modo a nos satisfazer, estamos em Cristo. Portanto, estamos seguros nesse lugar. Em Cristo, há certo tipo de provisão para nós. Pode não ser tudo o que

Bondade — Faça o Bem Aonde Quer Que Você Vá

queremos, mas ela nos sustenta. Ela nos ajuda. Ela nos dá o que precisamos para superar a situação. Como a Bíblia diz no Salmo 91:15, Deus estará conosco no problema e nos livrará. Muitas vezes, antes de Deus nos livrar do problema, precisamos estar satisfeitos por Ele estar conosco no problema. Não vemos Deus vindo, mas em todo o tempo Ele está se movendo em nossa direção. Você pode ainda não ter visto a bondade de Deus se manifestar em sua vida, mas tenha em mente que ela está se movendo em sua direção.

DEUS TRANSFORMARÁ O MAL EM BEM

Quando vamos a Cristo pela primeira vez, nossa vida está um caos. É um emaranhado de relacionamentos errados, pensamentos errados, desastre financeiro e inúmeras outras calamidades nas quais conseguimos nos envolver. Mas Deus é tão bom que Ele desembaraça e supera todo o mal em nossa vida. Mas isso requer tempo. Para alguns, foram necessários anos para entrar em todo esse caos, de modo que pode ser que leve tempo para superar os problemas que criamos. À medida que Deus se move em nossa direção, Ele está resolvendo situações, tratando e cuidando delas. Em todo o tempo estamos escondidos na Rocha, em Cristo.

Então Deus diz: "Eu irei passar, e retirarei a minha mão, e embora você não veja a minha face, você me verá por trás." Deus está nos dizendo que não o veremos vindo, mas certamente saberemos quando Ele estiver presente.

Algumas vezes você pode se agarrar a alguma coisa, tentar isso e aquilo e mais outra coisa, mas nada parece estar funcionando. É claro que o diabo está bem ali dizendo: "Deus não o ama. Ele não tem um bom plano para a sua vida. Deus está sendo bom para todos menos para você. Você deve estar em pecado. Você deve estar fazendo algo errado. Você não tem fé alguma."

Essas são apenas as mentiras de Satanás que você deve rejeitar enquanto espera. Não desista de Deus. A Sua bondade está se movendo em sua direção agora mesmo. Você verá a bondade de Deus em sua vida. Para quem Deus quer ser bom, senão para os seus filhos?

Estou sempre procurando alguma coisa para fazer por meus filhos. Dave e eu estamos na casa dos cinquenta anos agora, e criamos quatro

Capítulo 9

filhos. Quando se chega à nossa idade, você é um pouco mais estável financeiramente. Está em condições de abençoar seus filhos de uma maneira diferente do que poderia fazer quando eles eram pequenos. Temos quatro filhos adultos. Estou sempre procurando algo que eu possa fazer por eles. Todas as vezes que eles dizem que gostam de alguma coisa, se houver uma maneira de fazer isso por eles, eu o farei. Essa é a atitude de Deus para com os filhos que o amam.

Você poderia pensar: *Gostaria de fazer mais por meus filhos ou amigos, mas não tenho meios de fazer isso.*

Algumas pessoas não fazem nada se não puderem fazer tudo o que querem.

Mas você deve começar por onde pode. Comecei há muito tempo. Você precisa começar por algum lugar para chegar onde quer estar. *Deus é bom!* Êxodo 34:6 diz: *"E passou diante de Moisés, proclamando: 'Senhor, Senhor, Deus compassivo e misericordioso, paciente, cheio de amor e de fidelidade'."* Precisamos acreditar, realmente acreditar, na bondade de Deus. Talvez a sua fé na bondade de Deus seja algo que você colocou de lado, deixando de esperar que algo bom aconteça. Deus quer que você tenha uma expectativa positiva. Sua "esperança" pode estar enterrada em um armário empoeirado em algum lugar, e a única coisa que você está esperando são mais problemas.

> **Precisamos crer, realmente crer, na bondade de Deus.**

O que acontece quando você tem uma série de decepções e de eventos desanimadores em sua vida? Você chega ao ponto de começar a esperar os problemas. De vez em quando, em qualquer ministério ou igreja, pequenos ataques acontecem. Um deles ocorreu no nosso ministério recentemente. As coisas estavam fluindo mansamente por algum tempo. O ministério não estava tendo problemas. Costumo pregar contra a contenda, de modo que realmente é um grande problema para nós termos contendas entre a equipe. Mas, durante uma semana, duas pessoas foram despedidas por se envolverem em um conflito.

Às vezes, quando Deus está se preparando para levá-lo para a frente, Ele precisa se livrar de algumas pequenas coisas aqui e ali porque elas se tornarão um problema quando você avançar para o próximo nível. Entretanto, eis o que acontece: por ter lidado com tantas coisas, você entra em pânico só de pensar em atender ao telefone, abrir a correspondência ou correr riscos. É com isso que você precisa tomar cuidado. Tome muito cuidado para quando acontecerem várias coisas seguidas que não foram tão boas, você não começar a esperar que somente coisas ruins surjam em seu caminho.

Alguns de vocês podem estar nessa situação neste momento. Você passou por muitas coisas terríveis. Passou por provações. Foi atacado no trabalho e nas suas finanças. Você foi atacado no seu corpo e por pessoas que pensava ser amigas. Você está quase com aquela mentalidade de "o que vai acontecer desta vez?". Não importa quanto tempo o problema dure. Não importa quanto tempo seu filho se comporte mal, você deve esperar que ele mude e sirva a Deus. Você deve esperar que os acontecimentos de sua vida mudem para o bem.

Meu irmão desapareceu de minha vida por catorze anos, vivendo em pecado, nas drogas e no álcool. Nos últimos anos ele nasceu de novo, foi batizado no Espírito Santo e liberto dos vícios que o atormentavam. Ele agora está trabalhando no ministério na equipe de manutenção. Deus pode mudar as pessoas *de repente*.

De repente uma luz cercou Paulo na estrada para Damasco e ele foi salvo.[6] *De repente*. No dia anterior ele estava perseguindo cristãos para colocá-los na prisão.

Você nunca sabe o que pode acontecer. Deus é muito criativo. Seu marido pode sair para beber esta noite e de repente cair do banco do bar quando Jesus lhe aparecer. Você diz: "Bem, e se eu acreditar em todas essas coisas que você está dizendo e nada acontecer?" Ainda que você acredite no que está lendo aqui e nada mude na sua vida, você ainda será mais feliz. Porque se você não acreditar em algo bom, terá uma vida azeda. E pessoas azedas azedam tudo que as cerca. Não quero estar perto de pessoas azedas que não fazem nada a não ser reclamar de seus problemas. Quero ouvir o que Deus pode fazer, o que Deus fez. Quero ouvir as suas expectativas do que Deus fará na sua vida.

Capítulo 9

Você tem a expectativa de que algo bom aconteça com você? *"Apesar disso, esta certeza eu tenho: viverei até ver a bondade do Senhor na terra."*[7] Davi disse: "O que nesta terra teria acontecido comigo? Em que situação estaria eu? Em que poço eu estaria se não tivesse crido que veria a bondade do Senhor, não no céu, mas na terra dos viventes?"

Gastamos muito tempo falando sobre como as coisas serão no céu. Estou aqui agora. Quero saber que algo bom vai acontecer comigo agora. Estou aguardando ansiosamente pelo céu, mas não creio que Deus nos colocou aqui para tentarmos nos virar de qualquer jeito até chegarmos ao céu para podermos finalmente ter alguma alegria. João 10:10 diz: *"O ladrão vem apenas para roubar, matar e destruir; eu vim para que tenham vida, e a tenham plenamente."* Uma das maiores maldições sob a qual podemos nos colocar é viver uma vida que nunca desfrutamos.

Vou desfrutar a minha vida. Vou ter tanta alegria, que vou deixar o diabo louco. É melhor você se cercar de alguns cristãos que o encorajem durante os ataques. Cerque-se de homens e mulheres de Deus que sejam fortes. Não procure quatro ou cinco pessoas negativas e fique sentado sendo negativo junto com elas. Isso não apenas é improdutivo, como é maçante. Encontre alguém que o edifique e exorte, compartilhe a Palavra com você e lhe diga: "Anime-se, vamos lá." Não é de admirar que você tenha problemas se tudo o que você tem é uma porção de amigos que reclamam. Esses espíritos de pessimismo e de depressão são transferíveis.

O que seria de mim, Davi disse, se eu não tivesse *crido* que veria a bondade do Senhor na terra dos viventes? Só porque alguma coisa acontece que parece ser um beco sem saída para você, isso não significa que é realmente um beco sem saída.

Se Deus fecha uma porta, Ele abre uma janela. Se Satanás trancar todas as portas e janelas, Deus arrancará o telhado. Servimos a um Deus que faz um caminho onde parece não haver caminho algum.

Ele é o Criador de caminhos. Jesus disse: *"Eu Sou o Caminho, a Verdade, e a Vida..."*[8] Aguarde e tenha esperança e expectativa no Senhor. Seja corajoso, tenha bom ânimo e deixe que o seu coração seja vigoroso e resistente. Aguarde, tenha esperança e expectativa no Senhor. Muitas pessoas estão deprimidas porque não acreditam que nada de bom possa lhes acontecer. Eu o desafio a continuar deprimido enquanto ao mesmo tempo acredita que a bondade de Deus vai se manifestar em sua vida. Você não pode fazer isso. Assim que você começar a crer que algo de bom vai acontecer, esse espírito de depressão sairá.

Se você está clinicamente deprimido, algo está afetando o seu corpo, de modo que precisa ser tratado fisicamente. Esse é um tipo de depressão que decorre de uma causa física. Entretanto, há muitas depressões emocionais que têm origem na maneira como as pessoas pensam e falam. Você sabia que pode ficar deprimido com as palavras que diz? Comece a falar sobre a bondade de Deus. Simplesmente comece a pensar e a falar sobre a bondade de Deus e sobre o que Deus pode fazer em sua vida. Todas as manhãs, antes de se levantar da cama, antes de entrar no chuveiro, repita dez vezes: "Creio que algo bom vai acontecer comigo hoje." A bondade de Deus começará a se manifestar em sua vida.Lembre-se de que Deus é bom. Diga a Deus: "Se Tu estás procurando por alguém para que sejas bom hoje, eis-me aqui!"

> **Deus faz um caminho onde parece não haver caminho algum.**

Comece a crer com determinação na bondade de Deus. Acreditar nisso não deve ser uma coisa passiva e sem importância que você guarda no fundo do seu cérebro em algum lugar. Somos muito bons nisso na igreja. "Jesus me ama, disso eu sei, porque a Bíblia diz assim."

Entretanto, assim que os problemas surgem, você começa a gritar: "Bem, Deus, Tu não me amas mais?" Você precisa crer com determinação nessas coisas. Você precisa tomar posição e dizer: "Creio na bondade de Deus." Simplesmente pense em como você se sentirá melhor se começar a pensar e falar sobre as coisas boas que Deus fez em sua vida. Isaías 30:18, na versão *Amplified Bible*, diz: "*E assim o Senhor espera [ardentemente, com expectativa e anseio] para ser gracioso para convosco....*" Isso significa simplesmente ser bom para você.

Deus está realmente esperando, ansiando e desejando, tentando ter uma entrada em sua vida, assim como eu procuro maneiras de ser boa para meus filhos. Se eu posso fazer isso sendo um ser humano, com os meus

Capítulo 9

problemas e as coisas que a minha carne quer fazer; se eu quero ser boa para os meus amigos ou quero ser boa para os meus filhos, então você também pode! Quando Dave e eu estamos fazendo compras e vemos gravatas, não sei contar quantas vezes dizemos: "Ah, Don gostaria daquela ali." Podemos encontrar uma gravata que Dave realmente goste e dizer: "Vamos levar duas daquela e mandar uma para Don." Se eu posso fazer isso por um amigo que vejo apenas algumas vezes no ano, o que não posso esperar que Deus faça em minha vida? Qualquer leve noção de querermos ser bons para alguém veio do Espírito de Deus que está em nós. Se eu posso querer ser boa para alguém, imagine o quanto Deus deseja ser bom para mim? Não sou boa para meus filhos porque eles são perfeitos. Não sou boa para meus amigos porque eles são amigos perfeitos. Simplesmente gosto de ser boa para as pessoas. Descobri que é muito mais prazeroso ser bom para alguém do que ser mau. Francamente, me cansei de ser infeliz.

Aprendi que eu podia me fazer feliz sendo boa para alguém. Creio que parte da alegria de Deus está na Sua bondade — a alegria inerente que está nele. Jesus orou para que tivéssemos Sua alegria enchendo nossa alma. Em João 17:13, Jesus orou: *"Agora vou para ti, mas digo estas coisas enquanto ainda estou no mundo, para que eles tenham a plenitude da minha alegria."* Ele estava orando para que nós tivéssemos a Sua alegria enchendo e se espalhando por nossa alma — a Sua satisfação, a Sua alegria. Ele disse: *"A minha paz vos dou..."*[9] Parte dessa alegria vem de simplesmente querermos ser bons.

A Bíblia diz nos Salmos que os anjos ouvem a voz da Palavra de Deus.[10] Falamos a Palavra de Deus com nossa boca e dizemos: "Deus é bom. Estou esperando que Tu, com base em Isaías 30:18,[11] sejas bom para comigo." É melhor você tomar cuidado porque os anjos começam a se mover na sua direção com bênçãos. E, sabe, isso pode não acontecer da noite para o dia. Se você tem um padrão negativo há muito tempo em sua vida, terá de superar isso. Você pode ser testado.

Isso não significa que você nunca terá uma provação ou que você nunca terá qualquer problema. Entretanto, em meio aos problemas, continue dizendo, "Deus é bom. Deus é bom. Deus é bom". Em 1989 fui atacada por um câncer de mama. Fui fazer um *check-up* de rotina e, de repente, da noite para o dia, eu estava no hospital fazendo uma cirurgia. Câncer é uma palavra assustadora. Ela suscita todo tipo de emoções.

Tive de esperar pelos resultados dos exames. Durante aquele período de espera, Deus disse: "Há algumas afirmações que quero que você mantenha em seus lábios durante este período." Uma delas era: "Deus é bom. Deus é bom." Ele disse: "Quero ouvir você repetindo isso constantemente. 'Deus é bom. Deus é bom'."

Essa declaração precisa ficar diante de nós porque mesmo quando você tem problemas, mesmo quando você tem decepções, quando as coisas acontecem de modo diferente do que você pensou ou de modo diferente do que você planejou, a bondade de Deus não muda.

A bondade de Deus certamente se manifestou em minha vida. Embora eu tenha precisado de uma cirurgia, o câncer havia sido descoberto antes que tivesse chance de invadir os meus nódulos linfáticos, portanto não precisei de radioterapia ou de quimioterapia. Algumas pessoas olham apenas o que saiu errado, mas creio que devíamos olhar para o que *poderia ter saído errado* se a bondade de Deus não tivesse interrompido o problema.

José teve alguns obstáculos em sua vida. Ele havia passando um tempo sendo um sonhador, apenas sonhando os sonhos de Deus. Por ter tido um sonho e por seu pai amá-lo e ter lhe dado uma bela capa, seus irmãos o odiavam. Eles tinham ciúmes.[12] Sim, José provavelmente não teve sabedoria ao contar o seu sonho aos seus irmãos. Ele provavelmente poderia ter usado de mais sabedoria para prepará-los para o que Deus tinha para ele fazer. Mas José era apenas um garoto meigo que precisava crescer. Entretanto, seus irmãos o odiavam. E José passou anos na prisão por algo que não cometeu. Mas, no fim, ele disse: "Vocês planejaram o mal contra mim, mas Deus o tornou em bem."[13]

Servimos a um Deus que é tão bom, que Ele até pega o que o diabo planejou para o mal e transforma em bem. Deus pegou algumas coisas terríveis da minha vida e as transformou em bem. *"E sabemos que Deus faz com que todas as coisas cooperem para o bem daqueles que amam a Deus, daqueles que são chamados segundo o Seu propósito."*[14] Todas as coisas! Tudo... Cada provação, cada tribulação, cada pessoa que se levanta contra você.

Quando fui batizada no Espírito, meus amigos se levantaram contra mim. Perdi todos os meus amigos porque eles não acreditavam no batismo no Espírito Santo. Fiquei constrangida. As pessoas falavam de mim. Elas riam de mim. Foi um tempo difícil, muito difícil para mim. Porém, mais

Capítulo 9

tarde, descobri que perder todos aqueles amigos foi uma coisa boa. Para início de conversa, aprendi que, se tentavam me controlar, eles não eram meus amigos.

> **Deus é tão bom que Ele até transforma o que o diabo planejou para o nosso mal em bem.**

A princípio, eu nem sequer entendia o que era um verdadeiro amigo. Em segundo lugar, perder todos os meus amigos me levou a um relacionamento profundo, pessoal e íntimo com Jesus porque quando Ele é tudo o que você tem, você pode se aproximar muito dele. Isaías 30:18 diz que Deus está esperando para ser bom para você: "*Contudo, o Senhor espera o momento de ser bondoso com vocês; ele ainda se levantará para mostrar-lhes compaixão. Pois o Senhor é Deus de justiça. Como são felizes todos os que nele esperam!*"

Esse versículo bíblico diz que Deus está esperando para ser bom para alguém que está esperando que Deus seja bom para ele. O que você está esperando em sua vida? Qual é a sua expectativa? Você não tem expectativa de nada? Você está esperando ter problemas, más notícias ou simplesmente "tanto faz"?

Esta é uma expressão popular hoje: "Tanto faz." Minha neta diz isso. Digo a ela:

— Você quer que a vovó lhe compre um vestido novo?

— Tanto faz.

— Bem, você gostaria de ver este filme?

— Tanto faz.

— Você quer sair para comer comigo?

— Tanto faz.

Fico pensando: *Chega de "tanto faz". Diga-me o que você quer!* Precisamos tomar cuidado ao adotarmos esse tipo de atitude. "Tanto faz, você sabe. Quem se importa, tanto faz."

Não faço isso. Tenho coisas específicas em minha vida, e espero favor, graça, misericórdia e bondade. Espero que meu ministério cresça. Espero estar em todas as estações de tevê deste mundo que sejam decentes.

Bondade — Faça o Bem Aonde Quer Que Você Vá

Fiz algumas orações ousadas. Pedi a Deus para me deixar ajudar todos os seres humanos da face da terra. Eu disse: "Sejam quantas forem as pessoas que um ser humano pode ajudar, quero ajudar essas tantas." Não quero apenas fazer um pouco de alguma coisa. Quero fazer tudo que posso fazer e ser tudo o que posso ser. Servimos a um Deus bom.

Deus quer, então, que deixemos que o Seu caráter — que é bom — seja desenvolvido em nós. Deus quer que demonstremos o fruto da bondade em nossa vida sendo bons para outras pessoas. Deus nunca me pediu para fazer nada que Ele não tenha me mostrado antes. Ele nunca me pede para ser misericordiosa com ninguém sem me dar misericórdia. Deus nunca nos pediria para perdoar as pessoas que nos feriram se Ele não estivesse disposto a nos perdoar primeiro.

Deus não está pedindo a nenhum de nós para fazermos alguma coisa que Ele ainda não manifestou em nossa vida. Ele depositou uma semente em nós de tudo que Ele quer que façamos. Deus não vai me pedir para amar alguém sem que Ele me ame primeiro. É por isso que o amor de Deus é derramado em meu coração pelo Espírito Santo. Deus diz: "Eu o amo gratuitamente. Eu te dou graça, favor e misericórdia. Quero ser bom para você." Ele está dizendo: "Sou paciente com você."

Talvez ajudasse se pensássemos seriamente no que Deus faz por nós: a Sua longanimidade, bondade e misericórdia que se renova a cada manhã — a Sua graciosidade e generosidade em nossa vida. Por que precisamos ser bons para as pessoas? Porque a Bíblia diz em Romanos 2:4 que é a bondade de Deus que leva os homens ao arrependimento. Você pode ganhar alguém mais depressa sendo bom para ele do que qualquer outra coisa que você possa imaginar. Meu irmão esteve longe por catorze anos, e durante esse tempo ele nunca me telefonou. Pensei que fossemos chegados. Dei a meu primeiro filho o nome dele. Ele simplesmente desapareceu, e nunca ouvi falar dele por catorze anos. Mas quando ele voltou para casa, eu não me importei com nada do que ele havia feito. Eu não me importei com nada, exceto... David está de volta! Todos em minha família choraram.

Comprei um carro e roupas para ele. Levei-o para comer fora. Eu o amo. Ele nunca fez nada nem esteve em qualquer lugar por mim, mas quero ser boa para ele. Isso está em mim porque sei o quanto Deus tem sido bom para mim. Deus tem sido tão bom para mim! Por que eu iria

Capítulo 9

querer ser legalista dizendo coisas do tipo: "Bem, você não me telefonou, e você não se importou comigo. E eu não vou fazer nada por você porque você não merece."

Depois de duas semanas morando em nossa casa, David quis aceitar Jesus. Meu irmão disse: "Não sei o que é que vocês têm, mas uma coisa é certa, o mundo não tem isso. Seja o que for, eu quero ter." Ele disse: "Não sei se vocês sabem disso, mas vocês são realmente estranhos. Vocês fazem ideia do quanto são estranhos? Todo este amor e esta bondade e..."

A bondade de Deus leva os homens ao arrependimento. Não teríamos de sair por aí batendo na cabeça das pessoas com a nossa Bíblia, pedindo a elas para receberem os nossos folhetos evangelísticos, implorando para que elas nos deixem falar sobre Jesus, se apenas saíssemos pelo mundo sendo bons para as pessoas. Elas não conseguem entender isso.

A maioria de nós pode estar disposta a ser boa para algumas pessoas quando tudo vai bem para nós. Mas uma das maneiras mais rápidas para sair do seu problema tem uma resposta dupla. Confie em Deus e, ao mesmo tempo, seja bom para alguém. Confie em Deus e faça o bem. Confie em Deus e faça o bem. Gálatas 6:9 diz: "*E não nos cansemos de fazer o bem, pois no tempo próprio colheremos, se não desanimarmos.*"

Se Deus está dizendo às pessoas para não desanimarem, é porque provavelmente há aqueles que estão passando por provações. Talvez houvesse entre os gálatas aqueles que estavam passando por tempos difíceis. Devia haver pessoas que estavam esperando uma reviravolta em suas vidas por muito tempo porque Ele disse: "No tempo próprio colheremos, se não desanimarmos." Continue fazendo o que é certo. Continue esperando. Não desanime. Deus vai vir em seu socorro. O versículo 10 está relacionado com o que Ele já disse. Ele já falou sobre semear e colher e todas essas coisas, e depois, no versículo 10, Ele diz: "*Portanto, enquanto temos oportunidade, façamos o bem a todos...*".

Todas as vezes que você tiver uma oportunidade, seja bom para alguém. Não deixe que passe uma oportunidade de ser bom para alguém sem que você se levante de um salto e aproveite essa oportunidade. Se você quer ser bom para alguém, tudo que precisa fazer é ouvir essa pessoa. Não demorará muito e essa pessoa lhe dirá alguma coisa que ela quer, alguma coisa que ela precisa, alguma coisa que é um problema para ela. Então você

Bondade — *Faça o Bem Aonde Quer Que Você Vá*

pode entrar naquela situação e suprir essa necessidade; simplesmente ser uma bênção, ser bom para ela. A Bíblia diz que mais bem-aventurado é dar do que receber.

> **Sempre que você tiver uma oportunidade, seja bom para alguém.**

Você sabe o que acontece quando alguém lhe dá um presente — você simplesmente o recebe. Mas quando você dá a outra pessoa, recebe a alegria de dar o presente. Todas as vezes que a ocasião e a oportunidade se abrirem, façamos o bem a todos, não apenas sendo úteis ou benéficos para eles, mas também fazendo o que é para o bem espiritual e para a vantagem deles. Seja diligente em ser uma bênção. O que significa ser diligente? Significa ter a sua mente cheia de maneiras pelas quais você pode ser uma bênção — e fazer isso deliberadamente. Seja diligente em ser uma bênção, principalmente para aqueles da família da fé — aqueles que pertencem à família de Deus com você, o crente.

Deus diz para começarmos com a família da fé, para começarmos a ser bons para os irmãos e irmãs em Cristo que precisam ser encorajados, que precisam ser edificados, levantados e exortados. Existem muitas maneiras pelas quais podemos ser bons para as pessoas. Você pode ser bom para alguém dando-lhe uma palavra no momento certo. Você pode ser bom para alguém orando por ele. Você pode ser bom para alguém dizendo a ele: "Você está bonito hoje." Você pode ser bom para alguém dando-lhe um presente. Você pode ser bom para alguém tomando conta das crianças para ele.

Existem muitas maneiras pelas quais podemos ser bons para as pessoas. Nem sempre é preciso dinheiro para ser bom para alguém. Precisamos ser criativos para encontrar maneiras de sermos bons para as pessoas. Existem tantos cristãos egoístas! Uma mulher me disse que ela está em um negócio no qual lida com o público. Ela comentou:

— Eu gostava do meu negócio, mas não gosto mais; mal posso suportá-lo. Não foi o negócio que mudou; foram as pessoas que mudaram. Tenho alguns clientes que são os mesmos há anos, mas as pessoas estão

Capítulo 9

mudando. As pessoas não consideram de modo algum quem você é, como você se sente, ou o que você necessita. A ênfase do mundo hoje é "e eu?".

Nós, como cristãos, precisamos nos levantar com determinação contra isso. Sofri uma mudança total no meu estilo de vida, mesmo depois de já ser cristã, nos dez ou doze últimos anos. Fui cheia do Espírito Santo e tenho buscado o meu ministério desde 1976.

Mas mesmo batizada no Espírito Santo, mesmo estando no ministério em tempo integral, mesmo tendo um ministério crescente, eu não era feliz, contente ou satisfeita. Descobri que eu nunca seria feliz se me levantasse todos os dias e tudo que eu tivesse em minha mente fosse eu mesma, o meu ministério, a minha necessidade, a minha dor, o meu isso, o meu aquilo. Deus diz: *"Façamos o bem a todos, especialmente aos da família da fé."*[15]

A Bíblia nos diz em I Pedro 4:8 para deixarmos o nosso amor ser ardente. I João 3:7 se refere a fechar seu coração para a compaixão. Deus nos deu um coração compassivo, mas podemos fechá-lo ou podemos abri-lo. Temos de fazer algumas coisas. Não podemos esperar para sentirmos vontade de ser bons para alguém. Precisamos ter a intenção de ser bons para alguém. Ser bom para os outros é uma guerra espiritual contra Satanás. Precisamos ser bons em obediência a Deus e para a nossa alegria pessoal e em prol de uma virada em nossa vida.

As cadeias cairão se começarmos a agir movidos pelo fruto do Espírito.

Creio que levo uma forte unção sobre a minha vida. Também creio que há uma forte unção sobre a minha pregação. Não digo isso por orgulho. Se não creio que há unção, eu deveria me sentar e calar a boca. Creio na minha unção, e creio que ela está aumentando a cada dia. Mas há uma maneira correta de viver a minha vida nos bastidores, e preciso vivê-la. Não vou ter uma forte unção se maltratar as pessoas quando ninguém está olhando.

Precisamos ser bons uns com os outros e tirar a nossa mente de nós mesmos. A Bíblia diz que os ricos são admoestados a não confiarem na incerteza das riquezas, mas no Deus vivo, e eles são admoestados a se lembrarem de fazer o bem aos outros e a serem ricos de boas obras.[16] Deus está dizendo aos ricos: "Em primeiro lugar, não confiem no seu dinheiro. Não coloquem a sua esperança nas suas riquezas. Mantenham a sua esperança no Deus vivo. Eis o que vocês devem fazer com o seu dinheiro. Sejam bons para alguém."

A Bíblia diz para fazermos boas obras. Deus nos dá dinheiro e coisas para podermos usá-los para sermos uma bênção para as pessoas. Entretanto, as pessoas pegam o dinheiro e as coisas e usam as pessoas e o dinheiro para abençoarem a si mesmas. Essa é uma instrução para as pessoas ricas. O Senhor diz: "Eis o que quero que vocês façam: andem no fruto do Espírito e sejam bons para alguém; andem em amor, sejam bondosos, sejam mansos, sejam misericordiosos, sejam perdoadores. Não entrem em contendas, não tenham amargura e ressentimento em sua vida." Hebreus 13:16 diz: *"Não se esqueçam de fazer o bem e de repartir com os outros o que vocês têm, pois de tais sacrifícios Deus se agrada."* Esse versículo me diz que se quero ser boa para alguém, isso irá exigir sacrifício. Terei de abrir mão de tempo e de dinheiro e fazer um esforço para tomar uma atitude que eu preferiria não tomar na esfera natural. É fazendo o bem que permitimos que o fruto da bondade de Deus flua para nós e *por meio* de nós.

Capítulo 10

Paciência — Não Tenha Falta de Nada

A qualquer momento em que ficamos frustrados e nos envolvemos em qualquer espécie de atividade que aparece, sem uma direção específica, isso é sinal de que não estamos sendo pacientes com Deus. Com isso quero dizer que não estamos dispostos a esperar em Deus e deixar que Ele faça o que Ele quer fazer, do Seu jeito e no Seu tempo. Estamos agindo diferentemente do salmista no Salmo 40:1, que disse: *"Esperei confiantemente pelo Senhor; ele se inclinou para mim e me ouviu quando clamei por socorro"* (ARA).

Paciência não é simplesmente esperar; é como agimos enquanto esperamos.

A coisa mais difícil que a maioria de nós tem de fazer como cristãos é esperar no Senhor. Mas é durante os períodos de espera de nossa vida que as coisas mais poderosas acontecem dentro de nós.

Uma definição de "paciência" é longanimidade com mansidão, brandura e moderação. A melhor definição de "paciência" que já ouvi foi esta: ser constante ou ser o mesmo a todo o tempo, independentemente do que aconteça. Esse é o meu objetivo como crente.

Paciência não é a capacidade de esperar. Paciência é um fruto do Espírito que se manifesta enquanto estamos esperando. Se a paciência não

Capítulo 10

se manifestar nos tempos de espera, então vemos o fruto da impaciência durante esse tempo.

Eu costumava ser muito impaciente. Então, certo dia, Deus falou ao meu coração: "Joyce, você deveria deixar de ser impaciente, porque você vai passar a maior parte da sua vida esperando por alguma coisa."

O ponto principal é: todos terão de esperar. Esperar não é uma opção. E passamos muito mais tempo na vida esperando do que recebendo, de modo que é melhor desfrutarmos o tempo de espera enquanto Deus resolve os nossos problemas.

OBRAS *VERSUS* PACIÊNCIA

Descobri há muito tempo que quando eu ficava frustrada e irritada era porque estava tentando fazer alguma coisa acontecer que só Deus podia fazer.

As obras são a nossa energia tentando fazer o trabalho de Deus.

Por exemplo, se estamos orando e crendo em uma reviravolta, às vezes parece que esperamos, cremos e oramos, mas nada acontece. Se realmente quisermos saber como devemos agir com relação à paciência durante esses momentos, tudo que precisamos fazer é analisar a parábola que Jesus contou sobre o agricultor.[1]

O agricultor semeia a sua semente no solo e depois segue o seu caminho, dormindo e acordando. Com o tempo, o solo dá a sua produção por si só, sem que o homem saiba quando ou como isso vai acontecer. O agricultor não sabe como a colheita virá ou exatamente quando ela virá, mas o seu trabalho é se levantar de manhã, fazer o seu trabalho e ir se deitar à noite. Ele continua com a sua vigília paciente sobre a semente que semeou até receber a colheita.

Jesus está nos dizendo que é assim que devemos reagir com relação a Deus. O nosso problema é que somos impacientes demais. Estamos continuamente perguntando a Deus: "Como o Senhor vai fazer isto? Quando o Senhor vai fazer isto?"

Um agricultor nunca sabe como e quando a sua produção vai vir. Ele apenas continua dormindo e acordando, fazendo o que pode para enriquecer o solo e cultivar a sua produção, mas deixando o restante nas mãos do Criador.

APRECIE A JORNADA

Precisamos aprender a fazer o que podemos fazer e não ficarmos frustrados tentando fazer coisas com a nossa própria força e fazendo acontecer coisas que só Deus pode fazer acontecer. Em outras palavras, precisamos aprender a apreciar a jornada.

Se você está esperando pelo seu futuro marido ou esposa, em vez de ficar frustrado e irritado, por que não desfrutar o tempo em que é solteiro? Você talvez diga: "Bem, tenho desfrutado esse tempo há muito tempo."

Posso lhe dizer uma coisa? Se vai ser na semana que vem, será na semana que vem. Se ainda demorar mais cinco anos, serão mais cinco anos. Realmente não há nada que você possa fazer para acelerar o processo. Portanto, confie em Deus e prove que você confia em Deus. Como fazer isso? Desfrutando a vida presente que Ele lhe deu.

Não estamos provando que confiamos em Deus se ficamos deprimidos, tristes, desanimados, negativos, resmungando, murmurando e reclamando o tempo todo enquanto estamos esperando para receber aquilo que pedimos a Deus. Não estamos mostrando que podemos realmente ser felizes com Ele e somente com Ele.

Eu tive de me sentir feliz com um pequeno ministério antes que Deus me desse um ministério grande. Passei por muitas coisas enquanto esperava que meu ministério crescesse porque às vezes eu ficava frustrada e impaciente. Gosto de tudo grande. Gosto de joias grandes. Gosto de roupas vistosas. Gosto de carros grandes. Sou assim. Se vou fazer alguma coisa, quero causar impacto. Então tenho um carro grande. Quando chego, você me verá chegar. Não faço isso para impressionar as pessoas; apenas é assim que sou. Esse é o meu modo de ser.

Então, naturalmente, eu queria ter um ministério grande, muito grande. Mas ele continuava pequeno, pequeno, pequeno, o que realmente me incomodava a ponto de roubar a minha alegria e a minha paz. O motivo é porque eu fazia tudo que podia para tentar fazer o meu ministério crescer. Eu jejuava, orava e repreendia demônios, e implorava e fazia as pessoas concordarem comigo em oração. Mas o meu ministério continuava pequeno porque Deus tinha de me ensinar a ser feliz com Ele, e se eu nunca tivesse um grande ministério, eu ainda o amaria e o serviria.

Capítulo 10

Certa vez, quando eu estava orando pelo meu ministério, Deus falou em meu espírito: "Joyce, se eu lhe pedisse para ir até à margem do rio e ministrar para cinquenta pessoas pelo restante da sua vida, você faria isso porque você me ama?"

Graças a Deus, eu havia chegado ao ponto de poder dizer sinceramente: "Sim, Senhor, se eu realmente souber que é isso que Tu queres que eu faça, então posso fazer isso. Farei isso porque eu Te amo muito."

Quando chegamos ao ponto em que não precisamos que as coisas sejam feitas do nosso jeito e no nosso tempo, é então que Deus pode dá-las a nós. Portanto, permaneça estável enquanto você está percorrendo a jornada, e desfrute o lugar onde você está enquanto se dirige para onde está indo.[2]

Lembre-se de que paciência não é esperar. É como agirmos enquanto estamos esperando.

TENHA O DOMÍNIO DA SUA ALMA

Amo a passagem de Lucas 21:19 que diz: *"É na vossa perseverança que ganhareis a vossa alma"* (ARA). Sua alma é sua mente, sua vontade e suas emoções. É parte da sua personalidade — a vida dos seus pensamentos e sentimentos.

Se você não aprender a ganhar, a possuir a própria alma, ou a controlar essa vida da alma desenvolvendo o fruto do Espírito, ela irá controlá-lo.

Muitas pessoas deixam as emoções dominarem sua vida.

> Paciência é como agimos enquanto esperamos.

Quantas vezes permitimos que o nosso dia seja arruinado porque alguém fere nossos sentimentos e ficamos ofendidos? Então, pelo restante do dia, seguimos em frente nos sentindo mal. Há liberdade e libertação quando podemos dizer: "Não vou ser governado por essa mágoa; recuso-me a me curvar a ela."

Paciência — Não Tenha Falta de Nada

Foi uma reviravolta em minha vida quando deixei de ser governada pelas minhas emoções.

A Bíblia nos diz que servimos a um Deus que testa e prova as nossas emoções.[3] O que isso significa? Uma coisa que isso significa é que Ele fará você passar por coisas que o farão esperar. É claro que Deus poderia lhe dar a sua vitória agora mesmo. Eu costumava pensar: *Senhor, sei que Tu podes fazer isto. O que está acontecendo? Tu não me amas? Estou fazendo alguma coisa errada? Não tenho fé suficiente? Não estou orando o bastante? O que está acontecendo?*

Sempre pensamos que se pudéssemos encontrar alguma coisa para *fazer*, Deus nos daria a vitória que esperamos. Há certas coisas que precisamos fazer: ler e meditar na Palavra todos os dias, passar tempo a sós com Deus regularmente, orar e jejuar, e orar quando Deus nos diz para fazer isso. Precisamos dar a outros algo de nós mesmos, como o nosso tempo, o nosso dinheiro, um sorriso. Todas essas coisas fazem parte do nosso relacionamento com Deus, e precisamos fazer isso.

Porém, mais do que qualquer coisa, precisamos desenvolver esse fruto do Espírito chamado paciência em nossa vida, e simplesmente dizer: "Senhor, vou confiar em Ti. Se demorar mais do que eu gostaria, então Tu deves saber algo que eu não sei."

AS PROVAÇÕES DESENVOLVEM A PACIÊNCIA

Ouvi muitas definições sobre a paciência como um fruto do Espírito que só pode ser desenvolvido em tempos de provação. Realmente, não podemos desenvolver a paciência de qualquer outra maneira. Isso significa que a única maneira de desenvolvermos o fruto da paciência é estando ao lado de pessoas detestáveis, que nos deixam loucos; esperando no trânsito, esperando na fila do mercado, esperando uma virada em nossa vida, esperando a cura, esperando que as pessoas que nos cercam mudem e esperando que nós mesmos mudemos.

Seja paciente consigo mesmo; seja paciente com o próprio crescimento espiritual. Seja paciente com Deus se Ele não está vindo em seu socorro no momento que você gostaria que Ele viesse. Seja paciente com as pessoas; seja paciente com as circunstâncias; seja paciente porque na paciência você domina a sua alma. Tiago 1:4 diz que o homem paciente é perfeito e inteiro, *sem ter falta de nada.*

105

Capítulo 10

RECONCILIE-SE COM OS CAMINHOS DE DEUS

Você se torna paciente quando se reconcilia com os caminhos de Deus, quando sabe que está no plano de Deus e no Seu tempo e que o devido tempo é o tempo de Deus, que o tempo apropriado é o tempo de Deus. O ponto principal é: Deus não se prende à cápsula do nosso tempo e Ele não tem pressa. Ele sabe quando precisamos de alguma coisa, e Ele nos dará no tempo certo. Habacuque 2:2,3 diz para escrever sua visão; escreva-a claramente, mantenha-a diante de si, e não se preocupe se não está acontecendo ainda porque Deus não se atrasa, nem um único dia.

Por que Deus muitas vezes é o Deus da última hora? Por que Ele espera até o último segundo para lhe dar a sua vitória quando Ele poderia ter lhe dado exatamente a mesma coisa dois meses antes e lhe poupado de toda aquela dor? Ele é mau? Ele gosta de nos ver contorcendo de dor? Não, Ele está expandindo a nossa fé porque quando você é expandindo, isso lhe dá uma maior capacidade para realizar as coisas.

Quero que você tenha essa revelação porque isso irá lhe poupar anos de agonia. Já passei por tudo isso. Eu vivia em uma montanha-russa o tempo todo, durante toda a minha vida. Tentava mudar Dave, tentava mudar meus filhos. Tentava mudar a mim mesma. Tentava mudar as minhas circunstâncias. Eu tentava fazer o meu ministério crescer. Tentei até quase morrer. Eu não estava desfrutando a minha salvação. Eu era salva, e sim, talvez eu fosse um pouco mais feliz que alguém que não era salvo. Mas não se pode ser feliz sem paciência porque se você não tiver o fruto da paciência, todas as vezes que você se vira, alguma coisa não vai acontecer quando você quer que aconteça, da maneira que você quer que aconteça. Alguém não vai agir da maneira que você quer que aja e você vai perder a sua alegria e a sua paz e ficar muito angustiado. Então você vai agir mal, e estará sob condenação.

Talvez você diga: "Bem, então, o que posso fazer?"

Morra. Não estou falando da morte física; estou falando de morrer para si mesmo. Morra para a maneira como você quer as coisas. Morra para a maneira como você pensa que as coisas serão. Coloque na sua cabeça que nem todos conseguem as coisas da maneira que querem, e mesmo se não conseguir as coisas do seu jeito, você vai sobreviver.

Paciência — Não Tenha Falta de Nada

Eu costumava simplesmente detestar o fato de que Dave tinha de assistir a esportes o tempo todo. Não gosto de esportes. Eu não queria que ele gostasse; e ele não gosta de um ou dois, ele gosta de todos. Quando ele assistia à tevê, eu costumava perder a minha alegria, ficava emburrada e dava chiliques; tentava mudar isso e mudar Dave, mas nada mudou. A maneira de conseguir ter um pouco de paciência, um pouco de paz e um pouco de alegria em sua vida é entender que nem tudo muda. Existem algumas coisas que não irão mudar.

RELAXE E DEIXE DEUS AGIR

Uma das coisas mais frustrantes que pode acontecer é você passar a vida tentando fazer algo a respeito de alguma coisa que não pode mudar. Eu era especialista nisso. Estava tentando mudar a mim mesma, mudar as pessoas e mudar isso e mudar aquilo. Por fim, eu simplesmente me reconciliei com algumas coisas, e comecei a ficar feliz: "Senhor, se o Senhor quiser mudar isto, Tu irás mudá-lo; e se Tu não quiseres, vou ficar feliz de qualquer maneira."

Se você começar a desejar intensamente ter alegria e paz, você começará a desenvolver a paciência.

Por exemplo, você está no trânsito; há carros diante de você, atrás de você e dos dois lados, então qual é o sentido de ter um chilique já que você vai chegar atrasado de qualquer maneira? Em vez disso, olhe para a direita, olhe para a esquerda, olhe para a frente e para trás e diga simplesmente: "Bem, glória a Deus."

Deus se move de duas maneiras diferentes — depressa e de repente ou lentamente e pouco a pouco. Primeiro, Ele sempre se move lentamente, pouco a pouco, tão lentamente que você pensa que nunca vai acontecer, e tudo que você pode fazer todos os dias da sua vida é não desistir.

Então, de repente, Deus se move, e uma reviravolta acontece. Você não sabe como; você não entende, mas é algo como "Isto só pode ser Deus", porque você fez tudo que alguém poderia fazer e nada funcionou. Finalmente, quando você para, Deus diz: "Muito bem, agora que você finalmente terminou, Eu vou cuidar disto."[4]

Capítulo 10

A ESPERA DESTRÓI O ORGULHO

Deuteronômio 7:22 diz que Deus nos livra dos nossos inimigos pouco a pouco para que as feras do campo não se multipliquem entre nós. Creio que essa fera é o orgulho. Creio que se Deus nos desse tudo no instante em que nós desejássemos, ficaríamos tão orgulhosos e arrogantes, que pensaríamos que fomos nós que conseguimos as coisas.

Por exemplo, se eu oro e Deus me dá o que quero imediatamente, às vezes começo a pensar: *Puxa, minhas orações são poderosas. Devo estar realmente vivendo uma vida santa. Sou uma pessoa justa.*

Essa é uma atitude muito errada. A bondade de Deus não se baseia na nossa bondade. Aprendi ao longo dos anos que a bondade de Deus em minha vida deve apenas gerar louvor e ações de graças, e não pensamentos orgulhosos sobre o quanto acho que sou boa.

Deus nos faz esperar porque Ele está nos testando. Ele disse aos israelitas: "Eu conduzi vocês por todo o caminho no deserto, durante estes quarenta anos, para pô-los à prova, a fim de conhecer suas intenções, se iriam obedecer aos seus mandamentos ou não."[5]

> **A bondade de Deus não se baseia na nossa bondade.**

Uma coisa é guardar os mandamentos de Deus quando estamos conseguindo tudo o que queremos. Outra coisa é guardar os mandamentos de Deus quando não estamos conseguindo muito do que queremos. Uma coisa é ser bom para alguém quando ele está sendo bom para nós. Outra coisa inteiramente diferente é atuar no fruto do Espírito quando alguém não está sendo tão bom para você.

OS CAMINHOS DE DEUS, O TEMPO DE DEUS

Provérbios 16:2 diz: "*Todos os caminhos do homem são puros aos seus próprios olhos, mas o Senhor avalia o espírito.*" Depois o versículo 9 diz: "*A mente do homem planeja o seu caminho, mas o Senhor dirige os seus passos e os confirma."* Gosto disso porque a minha mente pode estar planejando o meu caminho, mas Deus dirige os meus passos em outra direção que eu talvez não entenda porque não é o meu plano.

Graças a Deus porque, embora a sua mente planeje as coisas de uma maneira, Ele é capaz de conduzir os seus passos em uma direção completamente diferente — às vezes tudo que sabemos para fundamentar o nosso planejamento é aquilo que sabemos na ocasião. Isso é tudo o que sabemos porque não sabemos de nada mais. Mas Deus faz muitas coisas que não sabemos.

Então, ainda em Provérbios 16, no versículo 25, nos é dito: *"Há caminho que parece reto ao homem, mas no final conduz à morte."* Os caminhos de Deus podem não ser sempre rápidos e velozes, mas há um tempo determinado. Deus tem uma hora marcada para a sua vitória. Deus tem uma hora marcada para a resposta à sua oração.

Suponhamos que você marque uma hora no médico para as 11h45 de determinado dia. Você está com essa hora marcada há muito tempo e está esperando por esse compromisso. Agora, se você aparecesse para o seu compromisso às nove da manhã, não importa o quanto você ficasse frustrado, ou o quanto andasse de um lado para o outro no consultório nem que tipo de chilique desse. Você ainda teria de esperar a hora marcada para ter a sua consulta.

Como vimos, a Bíblia diz que Deus tem uma hora marcada. Também vemos isso em Atos 1:6,7, quando alguns dos discípulos disseram a Jesus: *"Senhor, é neste tempo que vais restaurar o reino a Israel?"* Em outras palavras, eles estavam dizendo: "Jesus, diga-nos quando Tu vais voltar. Queremos saber quando estas coisas vão acontecer. Diga-nos a hora que isto vai ocorrer. Qual é a hora em que estas coisas vão acontecer?"

Jesus lhes disse: "Não compete a vocês saber a hora determinada. Só Deus sabe a hora marcada."

Portanto, se só Deus sabe a hora marcada, (e eu creio que Ele é tremendo e grande, e tão inteligente, maravilhoso e tão bom) e se eu creio que Ele me ama, então por que não posso acreditar que na hora certa terei a minha vitória? Por que não posso simplesmente provar que creio seguindo em frente e desfrutando a minha vida, ficando em paz e sendo paciente enquanto espero?

Capítulo 10

Você concorda que não pode ser feliz se não tiver paciência? Você concorda que se não tiver paciência não tratará as pessoas direito?

REVISTA-SE DE PACIÊNCIA

Em Colossenses 3:12 nos é dito para nos revestirmos de paciência. Isso me diz que a paciência é algo que tenho de ter deliberadamente. Só porque eu não me sinto paciente, isso não significa que não tenho de agir de modo paciente. É isso que significa *revestir-se.*

A versão da *Amplified Bible* diz: "*Portanto, como povo escolhido de Deus... revistam-se...*" Deixe-me fazer uma pergunta. Quando você se levanta de manhã e veste as suas roupas, você já ficou de pé diante do armário e as suas roupas saltaram da prateleira e subiram no seu corpo? Alguma vez as suas roupas saltaram do cabide e subiram no seu corpo e você não teve de fazer nada — apenas ficar ali parado? Ou você ficou parado e disse: "Quero roupa. Oro por roupas; roupas, vistam o meu corpo"?

Da mesma maneira, temos de *nos revestir* da paciência. Podemos orar por paciência, mas a Bíblia diz que isso não basta.

PREPARE-SE MENTALMENTE

Uma das passagens bíblicas que tenho realmente estudado ultimamente é I Pedro 1:13, que diz que devemos cingir os lombos do nosso entendimento. O que isso significa? Significa preparar-se mentalmente para alguma coisa.

Precisamos nos preparar mentalmente para as coisas. Se não tivermos nenhum tipo de preparação mental, e pensarmos que tudo simplesmente sairá do nosso jeito todos os dias, então quando as coisas não saírem do nosso jeito, agiremos mal e ficaremos arrasados.

Colossenses 3:2 diz: "*Mantenham o pensamento nas coisas do alto, e não nas coisas terrenas.*" A melhor hora para fazer isso é firmar a nossa mente pela manhã. Antes de sair da cama diga: "Tudo bem, Senhor. Quero atuar no fruto do Espírito hoje. E já passei por isso algumas vezes, Deus. Já sei que provavelmente nem tudo vai acontecer como espero hoje. Sei que provavelmente algumas coisas que não planejei acontecerão; algumas coisas que eu gostaria que não acontecessem assim acontecerão. O telefone vai tocar quando eu não quiser que ele toque. Alguém vai bater na porta quando eu não quiser que isso aconteça. Alguém vai me pedir para fazer alguma coisa que eu não quero fazer, no entanto, será alguém que eu sinto que preciso fazer o que me pede."

"Vou receber um telefonema que vai interromper todo o meu dia. E, de repente, vou ter de seguir nesta direção quando eu queria seguir naquela. Alguém vai ter um problema com o qual eu terei de lidar. Vou entrar no meu escritório, e alguém vai me dizer alguma coisa com a qual terei de lidar, mas não quero. Senhor, vou firmar a minha mente para ser paciente hoje, independentemente do que aconteça."

Eu costumava ficar muito irritada. Entrava no meu escritório e alguém dizia: "Temos um problema", e eu dizia: "Não quero tratar disso hoje."

Então eu dizia a Dave: "Quando chegaremos ao ponto de não termos de lidar com algum problema o tempo todo?" e Dave respondia: "Nunca."

Eu não gostava disso, mas Dave não fica irritado o tempo todo porque ele já sabe que sempre haverá alguma coisa para ser tratada. Ele me dizia: "Joyce, lance as suas ansiedades sobre Ele, e decida-se a não se irritar."

Firme a sua mente. Cinja os lombos do seu entendimento. Diga a si mesmo: "Aconteça o que acontecer comigo hoje, posso ser paciente porque tenho o fruto da paciência em mim."

Se você firmar a sua mente, terá muitas vitórias. Se você não firmar a sua mente, Satanás vai pegá-lo de surpresa, e se você não estiver preparado mentalmente para alguma coisa, então você não está pronto para ela.

Costumamos ter pensamentos deste tipo: *Se eu não tiver uma virada na minha vida na semana que vem, não conseguirei suportar. Preciso de uma reviravolta na próxima semana ou não vou aguentar.* E também: *Se você fizer isso mais uma vez, não vou tolerar. Se isso acontecer mais uma vez, vou ter um ataque.*

O que você está fazendo com esse tipo de atitude? Cada vez que pensa ou fala assim, você está se preparando para o desastre. Você pode até considerar o fato de que, quando faz isso, está ameaçando Deus.

VOCÊ PODE SUPORTAR

Lembro-me de estar sentada no meu quintal um dia, há muitos anos, e eu estava no meu limite, então eu disse: "Basta, Deus. Quero dizer-lhe agora mesmo que não consigo mais suportar isto. O Senhor precisa fazer alguma coisa, Deus, agora mesmo. Não posso mais suportar isto por mais um instante sequer!"

O Senhor falou em meu espírito: "Sim, você pode."

Aquilo me surpreendeu, e eu disse a Deus: "O que o faz pensar que eu posso?"

Ele disse: "Sei que você pode porque a Minha Palavra diz que Eu jamais colocarei sobre você fardo maior do que você pode suportar, mas com cada tentação Eu também darei o escape.[6] E se é com isto que você tem de lidar agora, então tem de confiar em Mim. Você pode suportar porque Eu vou sustentá-la e ajudá-la a suportar. Então pare de dizer que não pode suportar porque as coisas que você Me disse antes que não podia suportar, você suportou e você ainda está aqui, viva."

Lembre-se de que devemos nos revestir de paciência. Como Colossenses 3:12 diz, devemos nos revestir como povo escolhido de Deus, santo e amado *"... de profunda compaixão, bondade, humildade, mansidão e paciência"*. Foi uma tremenda revelação para mim quando entendi que eu podia me revestir de um comportamento.

Realmente, isso é uma decisão. Não se trata do quanto você é piedoso ou do quanto você é cheio do Espírito Santo. Há vezes em que você quer arrancar fora a cabeça de alguém. Mas a diferença entre alguém que sente vontade de fazer isso, mas não faz, é que ele desenvolveu o fruto do Espírito em sua vida, e optou por viver de acordo com esse fruto para honrar a Deus. Não é porque ele sente vontade ou não.

Quando você vê esse tipo de pessoa estável, não é porque ela nunca sentiu nada. É porque ela aprendeu a dominar a alma e não permitir que ela a domine. Ela aprendeu que quando sente alguma coisa e Deus diz, "Não, não é assim que Eu quero que seja", então ela estende a mão e pega todos esses sentimentos e simplesmente alinha-os com a Palavra de Deus.

O COMPORTAMENTO CORRETO É UMA DECISÃO

Quando você opta por viver assim, haverá vezes em que você sofrerá tanto, que talvez você sinta como se o seu interior estivesse a ponto de explodir.

Houve vezes em que tive de correr para o banheiro e enfiar uma toalha em minha boca para me impedir de responder a meu marido.

Assim como suas roupas não saltam sobre você, o tipo certo de comportamento não vai saltar sobre você. Você precisa decidir: "Eu posso ser bom para você. Eu vou amá-lo. Vou continuar lhe dando presentes. Ainda que você nunca diga obrigado. Eu vou continuar abençoando você, ainda que você nunca me abençoe em troca. Vou continuar orando por você. Você não vai roubar a minha alegria. Você não vai roubar a minha paz. Vou continuar a prosseguir até cansar o diabo."

Quando você está tendo problemas pessoais em sua vida, a última coisa que você quer fazer é abrir mão do seu ministério. Essa é a hora de continuar fazendo tudo exatamente da mesma maneira que você faria se não tivesse um único problema. O que acontece com você enquanto isto está ocorrendo? Você está crescendo e amadurecendo espiritualmente.

Se você pediu a Deus alguma coisa que Ele tem em mente para você, Ele está de acordo com você. Deus quer dar isso a você, e tem tudo preparado. Mas aprendi que Deus tem de prepará-lo antes que você possa receber aquilo que foi preparado para você.

Todas as vezes que pedimos a Deus para nos levar para outro nível, um pouco mais da nossa carne tem de ficar na beira da estrada. Isso não significa que todos os nossos problemas vieram de Deus. Mas significa que Deus vai usar os nossos problemas para nos preparar para as coisas lindas que Ele planejou para nós.

Creio que quando passamos por problemas, Deus pensa: "Vou dar uma boa utilidade a isto. O diabo planejou isto para o seu mal, mas vou fazer com que coopere para o seu bem. Enquanto estou resolvendo o problema, você pode também se beneficiar dele. Você também pode ganhar mais paciência. Você também pode ganhar mais alguns frutos. Você também pode ganhar mais confiança. A sua fé também pode crescer."

Ah, levei tantos anos para aprender isso, mas quando aprendi, foi tão maravilhoso ser livre!

Se você tem de ficar furioso durante três dias todas as vezes que alguém fere os seus sentimentos ou não quer fazer o que você quer, isso não é liberdade. Isso é cativeiro ao máximo. Quando você está tão cheio de orgulho que não consegue dizer "sinto muito", isso não é liberdade. Quando

Capítulo 10

você não pode deixar ninguém pensar que está certo mesmo quando a pessoa está, isso não é liberdade. Por que nos esforçamos tanto para provar que estamos certos? Fazemos isso porque realmente não sabemos quem somos em Cristo.[7] Não nos sentimos bem com nós mesmos, de modo que temos de estar certos com relação a todas as coisas para nos sentirmos bem.

O AMOR É PACIENTE

Colossenses 3:12 continua: "*... revistam-se de... paciência [que é incansável e longânima, e tem o poder de suportar o que quer que aconteça, com bom humor*", (AMP). Uma das melhores maneiras de demonstrarmos amor por outras pessoas é sendo paciente com elas. Isso não significa que não lidamos com problemas ou que nos tornamos um capacho para todos pisarem o tempo todo.

Há vezes em que temos de lidar com as circunstâncias. Mas sou o tipo de pessoa que trata com tudo, e não demoro muito para fazer isso. Tive de aprender que muitas vezes Deus não queria que eu lidasse com alguma coisa imediatamente porque eu podia estar pronta, mas a outra pessoa não estava. E se eu não me mover no tempo de Deus e deixar Deus fazer com que a pessoa esteja pronta, posso destruir alguém com a minha abordagem rápida e direta.

Meu irmão David é um bom exemplo disso. Ele era um novo convertido, e quando morava em minha casa, vi muitas coisas que queria mudar nele. Por exemplo, quando ele se levantava de manhã às cinco horas e ligava a televisão, eu queria ir até ele e dizer: "David, por que você não vai orar e ler a Bíblia? Assistir à televisão às cinco horas da manhã não é bom para você." Ou, se eu me levantava às duas da manhã e o ouvia da sala com a tevê ligada, queria vestir meu roupão e dizer: "Você precisa desligar isso."

Chegou o momento em que Deus me fez fazer isso, mas Deus me fez esperar várias semanas porque você não pode simplesmente despejar tudo sobre uma pessoa de uma vez. Se as coisas não são feitas no tempo de Deus, então ferimos as pessoas. Nós destruímos as pessoas, e isso é demais para elas suportarem.

Deus preparou o coração do meu irmão. Quando fui falar com ele, em seu coração ele já estava começando a saber que não devia assistir tanto à televisão.

Quando começamos a reconhecer um comportamento errado em alguém, em geral é Deus tentando nos levar a orar por ele. Se orarmos primeiro, isso abre a porta para Deus tratar com a pessoa. Então Ele pode preparar o coração da pessoa para qualquer ação futura que Ele pode nos pedir para tomar.

Tentamos com tanto esforço fazer as coisas acontecerem, e ficamos tão impacientes e tão frustrados, que não percebemos que, se orarmos, Deus tem um plano. Seu plano talvez não seja sempre igual ao nosso plano, mas temos de ser sensíveis e ouvir a Deus sobre o que Ele quer que tratemos e o que Ele não quer.

Então, quando eu digo "seja paciente", não quero dizer "nunca trate de assunto algum", quero dizer "seja paciente por tempo suficiente para tratar dos problemas no tempo de Deus e não no seu tempo".

ORAÇÃO EM LUGAR DE IMPACIÊNCIA

Uma das melhores maneiras de demonstrar amor aos outros é ser paciente com eles —paciente com as fraquezas e falhas deles, paciente com a lentidão deles — como com caixas lentos, caixas novos ou até com a ausência de funcionários quando você está em um supermercado.

Com o tempo, passei a ser paciente com os caixas novos, e agora comecei a ter de lidar com a ausência de caixas. E finalmente percebi que isso é um teste.

Se você não passar dessa vez, terá de passar pelo teste de novo. Quero dizer, você terá de lidar com caixas em treinamento; com caixas que ficam sem troco; com caixas que precisam trocar a fita da caixa registradora e não sabem fazê-lo; com caixas grosseiros; com caixas que falam ao telefone o tempo todo enquanto o atendem, ou que ignoram você e não o atendem porque estão ocupados com um telefonema; caixas que deixam os detectores de metal na sua compra fazendo com que você fique constrangido porque as pessoas pensam que você é um ladrão quando sai da loja ou, se você sai da loja, você precisa voltar no dia seguinte porque se tentar tirar aquela coisa, ela tem uma espécie de líquido dentro que estragaria suas roupas. Isso aconteceu comigo duas vezes em uma semana na mesma loja.

De que adianta ficar impaciente? Isso não vai mudar nada. Muitas vezes ficamos impacientes quando o que deveríamos fazer é orar.

Capítulo 10

SEJA PACIENTE

Vamos ver algumas outras áreas em que precisamos ser pacientes:

Seja paciente com as diferentes opiniões das pessoas.

Seja paciente com a personalidade das pessoas. Todos nós temos pessoas em nossa vida que têm personalidades que são mais difíceis de lidar. Essa é uma oportunidade de exercitar o fruto da paciência.

Seja paciente quando alguém lhe conta uma história pela terceira vez, embora você tenha mencionado no início, "sim, você já me contou isso na semana passada". Você está tentando ser gentil e amoroso, mas está pensando: *Oh, Deus, de novo não. Esta é uma longa história.*

Seja paciente quando alguém quiser lhe contar todos os detalhes de uma história que você nem sequer está interessado em ouvir.

Seja paciente quando as pessoas o interromperem quando você não quer ser interrompido. Meu marido gosta de ler para mim algumas vezes quando estou estudando. Ele lê algo que é totalmente diferente do que estou tratando, e diz: "Joyce, ouça isto."

Bem, quando estou escrevendo ou estudando, fico muito concentrada no que faço. E nem sei o que está acontecendo ao meu redor. Mas Dave é meu marido e preciso me submeter a ele e mostrar respeito. Realmente, sei o que ele está sentindo. Quando estamos empolgados com alguma coisa, queremos que alguém fique empolgado conosco. Então posso demonstrar amor a ele parando o que estou fazendo e dando-lhe a minha atenção por um instante porque tenho oportunidade de compartilhar com pessoas o tempo todo. Às vezes as pessoas só precisam de alguém que as ouça porque o que querem dizer é importante para elas. Então, uma das coisas que podemos fazer pelas pessoas é simplesmente ouvi-las um pouco.

Veja mais algumas áreas:

> » Seja paciente com as pessoas quando elas lhe telefonarem às seis da manhã e disserem: "Ah, você estava dormindo? Estou acordada há uma hora!"
> » Seja paciente quando as pessoas ficarem brincando e agindo tolamente quando você está tentando falar sério.
> » Seja paciente quando estiver doente e passando por um momen-

to realmente difícil e as pessoas parecerem não ter ideia das suas necessidades.

» Seja paciente quando as pessoas tomarem o seu lugar na fila ou pegarem a vaga no estacionamento que você estava esperando ficar livre.

» Seja paciente quando uma loja de departamentos anuncia certo artigo em liquidação e quando você chega lá, a mercadoria está esgotada.

» Seja paciente com um caixa quando você precisa devolver um artigo duas vezes porque ele estava quebrado nas duas vezes que você o levou para casa.

» Seja paciente quando comprar um par de sapatos e chegar em casa com dois tamanhos diferentes na mesma caixa.

NO DEVIDO TEMPO

Eclesiastes 3:11 nos diz que Deus faz tudo lindo no seu devido tempo. Observe que o versículo diz "no seu devido tempo", e não "fora" do seu devido tempo. A esta altura você provavelmente está pensando: *Se eu entendi bem o que você está dizendo, não há como saber por quanto tempo eu posso ter de esperar por algumas coisas.*

É isso mesmo.

Mas quando você sabe que está nas mãos de Deus, não importa por quanto tempo tenha de esperar. E quando estiver nessa posição, aquilo que você está esperando provavelmente acontecerá muito mais depressa do que você pensa.

Se Deus encurtar o tempo, será porque você se colocou inteiramente nas mãos dele, dizendo: "Senhor, a qualquer momento em que Tu decidas está bem para mim. Eu Te amo, e vou simplesmente continuar desfrutando a minha vida até que tragas o que sabes que é melhor para mim — no seu devido tempo."

Capítulo 11

Bondade — É Fácil Conviver com Ela

Alguns de nós somos naturalmente mais bondosos do que outros. Muitos de nós descobrimos que podemos ser bondosos com aqueles que são bondosos conosco, mas acho que a grande maioria de nós estará em apuros se tentar ser gentil com aqueles que não acha que merecem isso. A verdade é que a bondade deveria ser dada às pessoas porque elas não merecem; do contrário, não é bondade.

Se você procurar a palavra *misericórdia*, descobrirá que parte de sua definição é ser bondoso.[1] Do mesmo modo, se você procurar a palavra *bondade*, descobrirá que parte de sua definição é ser misericordioso.[2] A misericórdia confere bênçãos aos que não merecem, e Deus colocará no seu coração a necessidade de abençoar pessoas que o magoaram.

Deus já lhe pediu para fazer alguma coisa realmente especial por alguém que o magoou? Quando Deus faz isso, achamos que vamos ser virados pelo avesso. Não há nada em nós que deseje fazer isso, mas fazê-lo assim mesmo é viver uma vida poderosa.

Quando optamos por agir dentro de certos princípios do Reino, eles nos levam a uma posição na vida que chamo de "vida poderosa". A Bíblia diz que algumas das maneiras de vivermos uma vida poderosa são abençoando nossos inimigos, orando por aqueles que nos magoaram e que

Capítulo 11

nos usaram maliciosamente e sendo bondosos com eles.[3] A Bíblia também nos promete em Lucas 6:35 que receberemos uma recompensa de Deus depois que tivermos sido gentis com outras pessoas.

Se você é uma pessoa bondosa, o diabo poderá tentar convencê-lo de que você é sempre aquele que dá e nunca recebe nada. Você poderia passar muito tempo de sua vida abençoando alguém que nunca o abençoa, mas o próprio Deus o abençoará — Ele pode usar outra pessoa para abençoá-lo.

> **Deus nos recompensa por sermos bondosos com as pessoas.**

A gentileza evita a punição devida. Deus é tão paciente e longânimo porque Ele é gentil. Todos os frutos operam em conjunto. A bondade requer domínio próprio.

Mateus 11:28 diz: "*Venham a mim, todos os que estão cansados e sobrecarregados, e eu lhes darei descanso.*" Esse é um convite maravilhoso. Ele diz uma infinidade de coisas ao meu coração.

Jesus disse: "Venham a mim", Ele não disse: "Se vocês merecerem, eu darei isto a vocês." Ele só disse para irmos porque Deus é amor,[4] e o amor sempre dá. O amor está sempre dando alguma coisa da qual as outras pessoas podem se beneficiar.

Descobri que para darmos alguma coisa é preciso que haja alguém para receber. Nos últimos anos, Deus fez uma grande obra nessa área da minha vida. Isso é algo no qual vamos crescendo gradualmente — creio que cresci até me tornar uma doadora.

Há uma diferença entre alguém que dá e um doador. Dar é o estilo de vida de um doador. Um doador procura uma maneira de dar e de abençoar pessoas porque isso se tornou parte do que ele faz para ser feliz interiormente. Se eu quiser ser feliz, preciso ser uma doadora.

Incomoda-me o fato de tentar dar alguma coisa a alguém e ele não querer receber. É muito mais fácil para mim se a pessoa simplesmente receber e disser "obrigado". Não estou tentando atrair atenção, apenas preciso dar para ser feliz.

Dar faz parte da natureza de Deus. Ele precisa dar, e você ficaria impressionado ao ver quantas pessoas se recusam a receber a misericórdia de Deus porque elas acham que não a merecem; e elas estão certas, elas realmente não merecem misericórdia. Se você algum dia merecer misericórdia, então não será mais misericórdia!

Realmente não merecemos tudo que a misericórdia, a graça e o favor são. Deus está sempre fazendo coisas assombrosas e maravilhosas por pessoas que não o merecem.

Deus deu ao meu irmão vitórias maravilhosas. Parece que todas as vezes que ele se vira alguém o abençoa, e ele não merece isso. Deus colocou em nosso coração trazê-lo para a nossa casa. Nós compramos um carro para ele, roupas e um anel de presente de Natal. Ele é como o filho pródigo. Tem um anel no dedo, sapatos nos pés e um manto sobre as suas costas.

Ele havia desaparecido por catorze anos e nunca pegou o telefone uma vez sequer para me procurar. Ele não disse: "Feliz Aniversário, mana. Como vai você?" Mas eu entendi. Realmente fui abençoada quando percebi minha reação quando ele voltou para casa. Eu soube, pela maneira como reagi, que Deus realmente havia me transformado grandemente. Antes de Deus trabalhar em minha vida através da Sua Palavra e do Seu Espírito, eu teria ficado amarga, ressentida, julgadora e vingativa — mas nenhuma dessas reações erradas sequer me ocorreu quando David voltou para casa.

Quando recebemos seu telefonema e ele disse que estava voltando para casa, eu mal podia esperar que ele aparecesse no aeroporto. Não pensei naqueles anos que se passaram. Eles foram instantaneamente esquecidos porque agora ele estava em casa e era isso que importava para mim.

Queria abençoá-lo e fazer com que ele se sentisse bem. Desejei que ele visse a bondade de Deus. Eu sabia que quando experimentasse a bondade de Deus, ele nunca iria querer servir a nenhum outro além de Deus.

É por isso que Deus derrama a sua bondade sobre nós quando não a merecemos. Ele quer que saibamos o quanto Ele é bom. É a bondade de Deus que leva os homens ao arrependimento.[5] Precisamos ser bons para as pessoas. Como podemos esperar que o nosso testemunho tenha algum poder se não formos bons e misericordiosos com as pessoas?

Capítulo 11

Quando finalmente superar a irritação e a bondade se tornar um estilo de vida, você descobrirá que realmente não é tão difícil ser bondoso. Isso se torna divertido porque você vê a recompensa. Você percebe o que isso pode fazer com o diabo. Todas as vezes que é bom para alguém que não o merece, você derrota Satanás. Ele odeia isso.

Há vários anos, minha filha Sandra havia perdido um remédio que lhe havia sido receitado pelo médico. Aparentemente ela o havia deixado sobre a pia e depois jogado fora por engano. Naquele mesmo dia ela fez biscoitos de chocolate e os queimou completamente. Tivemos de ir comprar mais ingredientes para os biscoitos.

Fiquei zangada com ela e disse: "Você vai pagar por aquele remédio e pelos ingredientes dos biscoitos de chocolate. Você não está prestando atenção ao que faz. Está desperdiçando dinheiro."

Alguns dias depois, apareceram doze dólares sobre a minha penteadeira com um bilhete dizendo: "Isso é pelos biscoitos de chocolate e pelo remédio." Aconteceu que eu estava estudando sobre o fruto da bondade naquele dia. Levei o dinheiro de volta para ela e disse: "Este é o dia da sua bênção. Estou lhe ensinando sobre o fruto da bondade esta noite. Aqui está o seu dinheiro."

Como eu poderia ser rígida com ela depois de estudar sobre a bondade na Bíblia o dia inteiro? A Palavra de Deus transformou o meu coração e, por fim, transformou minha vida.

Às vezes somos assim quando alguém nos fere. Sempre queremos que a pessoa pague pelo que nos fez. Encontrei uma passagem bíblica libertadora em Mateus 18. Os versículos 23 a 27 falam sobre um servo que devia dinheiro ao rei e, quando o rei foi acertar contas com ele, o sujeito não tinha o dinheiro. O rei disse: "Pague-me o que me deve", e a Bíblia diz que o homem *não tinha condições de pagar*. Mas o rei teve compaixão dele, salvou-o de um grande problema e disse: "Eu o perdoo".

Tive uma revelação tremenda dessa passagem. Passei muitos anos em minha vida tentando cobrar de pessoas que haviam me magoado e que não podiam me pagar pelo que haviam feito. Se alguém tira a sua virgindade ou a sua dignidade por meio do abuso, não pode lhe devolver o que lhe foi tirado. Essa pessoa não sabe como devolver isso a você. É por isso que a Bíblia diz: "'*Minha é a vingança, eu retribuirei', diz o Senhor.*"[6]

O pagamento vem de duas maneiras. Você pode ter certeza de que se os seus inimigos ainda não tiverem se redimido com você, a vingança de Deus certamente virá. Deus não apenas diz que Ele cuidará dos seus inimigos, como também Ele cuidará de você. Deus o recompensará e lhe dará "dupla honra em lugar da afronta".

Se alguém não está tratando você corretamente, Ele o recompensará. Isaías 1:7 diz que Deus nos dará dupla honra ou dupla recompensa pelos abusos e pela vergonha que sofremos no passado. Mas isso só acontece se não tentarmos cuidar disso por nós mesmos.

Passamos muito tempo de nossa vida tentando cuidar de nós mesmos. Quanto mais tentamos fazê-lo, mais limitamos o que Deus pode fazer por nós. Eu sou limitada e Deus não é. Ainda que Deus permitisse que tudo que eu estava tentando fazer por mim mesma desse certo, eu ainda seria limitada.

Abençoar e fazer o bem aos seus inimigos parece ser outro princípio às avessas que não faz sentido algum para nós, mas a Bíblia promete que a recompensa da parte de Deus será rica e intensa. É bem possível que você não tenha sido capaz de entender por que não está sendo abençoado. Parte do motivo pode ser porque você não plantou sementes de bondade na vida das pessoas. A Bíblia diz que se dermos misericórdia aos outros, receberemos misericórdia de Deus quando precisarmos dela.[7] Colhemos o que plantamos.[8]

Mateus 11:29,30 diz: *"Tomem sobre vocês o meu jugo e aprendam de mim, pois sou manso e humilde de coração, e vocês encontrarão descanso para as suas almas. Pois o Meu jugo é suave e o Meu fardo é leve."*

Poderíamos dizer assim: "Todos vocês que estão cansados, esgotados e fatigados por tentarem cuidar das coisas sozinhos, e o mundo os esmagou, venham a mim, e vocês descobrirão que eu sou bom, gentil e misericordioso. Não serei duro com vocês. Eu trabalharei com vocês. Vamos cuidar disso. Se vocês estão cansados de viver assim, apenas venham a mim." É um convite simples.

Quando Deus dá uma festa, é do tipo traje simples. Não temos de nos arrumar. Quando meu irmão voltou para casa, ele veio com a "roupa do corpo".

Veja Lamentações 3:19,20: "Lembro-me da minha aflição e do meu delírio, da minha amargura e do meu pesar. Lembro-me bem disso tudo, e a minha alma desfalece dentro de mim."

Capítulo 11

Há várias boas lições nessa passagem. O escritor nos diz que ele tem em mente todos os seus problemas e que a sua alma está desfalecida dentro dele por causa da tristeza. Ele diz no versículo 21: *"Todavia, lembro-me também do que pode me dar esperança."* Agora, ele muda o percurso. Ele disse: "Tudo bem, vou colocar outra coisa em minha mente que me dê esperança e a expectativa de que algo bom irá acontecer." Aquilo que ele começa a pensar o arranca daquele poço. Então nos versículos 22-24 ele diz:

> **Graças ao grande amor do Senhor é que não somos consumidos, pois as suas misericórdias são inesgotáveis. Renovam-se cada manhã; grande é a sua fidelidade! Digo a mim mesmo: A minha porção é o Senhor; portanto, nele porei a minha esperança.**

No fim, os pensamentos positivos do escritor o tiraram do estado deprimido e infeliz em que estava. Quando pensamos nos nossos problemas, nós nos afundamos cada vez mais, mas os pensamentos sobre a bondade, a misericórdia e a fidelidade de Deus nos dão esperança.

O versículo 25 diz: "O Senhor é bom para com aqueles cuja esperança está nele, para com aqueles que o buscam."

A Bíblia diz que Deus é bom para aqueles que esperam por Ele e têm expectativa de que Ele seja bom para eles. Não é o que merecemos, mas a bondade está disponível àqueles que esperam que Deus seja bom para com eles.

Olhamos demais para os nossos problemas em vez de olharmos para o caráter de Deus. A misericórdia faz parte do Seu caráter; portanto, não temos de convencer Deus a ser misericordioso. Tudo que precisamos fazer é receber Sua misericórdia.

Como uma jovem mulher nascida de novo, cheia do Espírito e no ministério, eu não fazia ideia de que tinha um problema na área da misericórdia. Eu provavelmente havia pregado mensagens sobre a misericórdia, mas Deus continuava falando comigo sobre Mateus 9:13, que diz: *"Vão aprender o que significa isto: Desejo misericórdia e não sacrifícios. Pois eu não vim chamar justos, mas pecadores."* Jesus disse: "Eu não vim para os sãos; eu vim para os doentes."[9]

> **A bondade de Deus está disponível àqueles que esperam que Ele seja bom para eles.**

Se fôssemos todos perfeitinhos, não precisaríamos de Jesus, para início de conversa. Eu precisava de Deus e queria continuar desesperada por Ele. Continuava a ouvi-lo dizer: "Vá aprender o que significa isto: Eu desejo misericórdia."

É uma longa história, mas o resumo dela é que depois que Deus continuou a falar comigo sobre esse versículo bíblico em especial, finalmente comecei a estudar sobre a misericórdia.

Lembre-se de que misericórdia é bondade. Levei muito tempo para aprender o que estou lhe dizendo, mas descobri duas coisas. Eu não era uma pessoa misericordiosa. Era muito legalista e rígida. Eu tinha uma maneira de fazer as coisas e essa era a maneira que eu queria que tudo fosse feito. Não estava disposta a ceder um centímetro em qualquer direção. Se eu não conseguisse as coisas do meu jeito, embora a pessoa fizesse o seu melhor e realmente não pudesse me dar o que eu queria, eu ficava irritada com a pessoa. Eu não era misericordiosa e me recusava a dar a qualquer pessoa um pouco de liberdade.

Muito antes disso, eu havia chegado ao ponto de querer ser misericordiosa de todo o meu coração, mas não conseguia. Ficava zangada porque via outras pessoas sendo misericordiosas, e eu queria aquilo em minha vida.

Aprendi que eu não era misericordiosa com as pessoas. Então Deus deu um passo além comigo e me mostrou que quando Ele diz: "Vão aprender o que significa misericórdia", existem dois lados. Temos de aprender a receber a misericórdia de Deus antes de podermos ofertá-la.

Eu tinha dificuldades em ser misericordiosa porque eu não queria receber misericórdia. Eu era muito legalista comigo mesma, portanto, muito legalista com todos os demais. A Bíblia diz que você deve amar o seu próximo como a si mesmo. É melhor você analisar como trata a si mesmo porque às vezes você tenta dar alguma coisa a alguém que você mesmo não tem.

Capítulo 11

Se você não receber o amor de Deus e amar a si mesmo de uma maneira equilibrada, como esse amor poderá fluir através de você para qualquer pessoa? Se você não receber a misericórdia de Deus quando cometer erros, não terá um reservatório para extrair dele quando precisar dar misericórdia a outros.

Tornei-me uma pessoa muito misericordiosa, e desfruto a misericórdia de Deus todos os dias. Deus não tem mais problemas comigo. Recebo misericórdia. Quando peco, recebo misericórdia no segundo seguinte. Sinto muito pelos erros que cometo, mas recuso-me a viver debaixo de condenação. Li muitas vezes o versículo da Bíblia que diz: *"Portanto, já não há condenação."*[10] Ou as passagens bíblicas que dizem para nos arrependermos, pedirmos a Deus que nos perdoe, admitirmos os nossos pecados, recebermos a misericórdia de Deus e seguirmos em frente. A misericórdia é para as pessoas que não a merecem.

Colossenses 3:12 diz que devemos ter um comportamento cheio de misericórdia. Deus usa poderosamente as pessoas que são mansas, pacientes e bondosas. Às vezes vemos essas qualidades como fraquezas. O mundo diz que você é um "fracote" se você é manso e paciente.

O mundo quer saber: "Por que você está permitindo que o tratem dessa maneira?" Se você é bondoso para as pessoas, elas dizem: "Por que você está fazendo isso? Você não sabe que as pessoas vão pisar em você se tratá-las assim?" O medo de que tirem vantagem de nós sufoca o fruto da bondade.

Vou agir como Deus me diz para agir porque a Bíblia diz que se eu fizer isso, o Senhor me recompensará. Quando você é bondoso para as pessoas, deve crer com determinação em Deus para trazer uma recompensa à sua vida porque você está fazendo isso por amor a Deus.

Existem muitos homens e mulheres na Bíblia que foram usados por Deus, e nós os chamamos de gigantes da fé, mas eles eram apenas pessoas como você e eu. Se você quer ser um grande homem ou mulher de Deus, precisa ser misericordioso e bondoso. A misericórdia vai em direção às pessoas que não a merecem. A misericórdia abençoa aqueles que deveriam ser punidos.

Como mencionei anteriormente, no capítulo 37 do livro de Gênesis os irmãos de José o maltrataram cruelmente. Eles tinham ciúmes dele porque seu pai o amava e lhe deu uma túnica especial. José tinha sonhos e visões para a sua vida. A Bíblia diz que eles sentiam tanto ciúme que o odiavam.

É impressionante quando nem todos estão entusiasmados com seus sonhos e suas visões. Nem todos ficam empolgados com suas bênçãos. Às vezes é difícil encontrar alguém com quem você possa compartilhar bênçãos e acreditar que esse alguém ficará verdadeiramente entusiasmado por você.

Os irmãos de José o lançaram em um poço e depois o venderam como escravo. Eles disseram ao pai que o irmão estava morto. Enquanto José estava no Egito, ocorreram muitas circunstâncias e situações injustas. Ele passou treze anos na prisão por algo que não cometeu. José teve muitas oportunidades de se tornar amargo.

Você já teve oportunidades de se tornar amargo? Saiba que isso não lhe fará bem algum. Você pode sentir como se toda a sua vida lhe tivesse sido roubada por pessoas que o maltrataram, e agora você está amargo! Se você continuar abrigando a amargura em seu interior, aquilo que as pessoas lhe fizeram roubará o seu futuro. A amargura não o torna melhor do que a pessoa que o feriu; na verdade o leva para o nível dela.

José foi promovido por Deus, e ele passou a ter o comando de todo o suprimento de alimentos do Egito. Esse é um bom lugar para se estar quando há fome em uma terra. Os irmãos tiveram de ir até José, sem sequer saber que aquele era seu irmão. Quando José se revelou como seu irmão, eles se prostraram diante dele porque pensaram que José iria matá-los ou de alguma maneira fazê-los pagar pelas coisas que haviam feito.

Eles sabiam que se José os maltratasse, eles o mereciam. Em Gênesis 50:18-21, a Bíblia diz:

> **Depois vieram seus irmãos, prostraram-se diante dele e disseram: "Aqui estamos. Somos teus escravos!" José, porém, lhes disse: "Não tenham medo. Estaria eu no lugar de Deus? Vocês planejaram o mal contra mim, mas Deus o tornou em bem, para que hoje fosse preservada a vida de muitos. Por isso, não tenham medo. Eu sustentarei vocês e seus filhos." E assim os tranquilizou e lhes falou amavelmente.**

Que homem! É preciso ser um homem de Deus de verdade para oferecer bondade e misericórdia àqueles que o maltrataram.

Em Gênesis 13, Abraão foi bondoso com Ló, seu sobrinho, que não teria tido nada se não fosse por Abraão. Os pastores e trabalhadores de Abraão e os de Ló entraram em contenda. Abraão foi até Ló e disse: "Olhe, precisamos nos separar porque os nossos pastores estão brigando e isso não vai dar certo. Oro para que não haja contenda entre nós." Abraão era tão bom e tão gentil, que disse: "Vou lhe dizer uma coisa. Escolha a parte do vale que você quer, e eu ficarei com a que sobrar." Obviamente, Ló ficou com a melhor parte do vale, e Abraão disse: "Tudo bem. Seja abençoado."

Então Deus levou Abraão a uma alta montanha e lhe disse: "Tudo bem, agora olhe para o norte, para o sul, para o leste e para o oeste, e por mais longe que você possa ver, Abraão, é tudo seu."

Quando as pessoas parecem nos usar, o diabo grita em nossos ouvidos: "Bem, você está deixando que tirem proveito de você. Eles estão lhe roubando. Você não sabe que isso não está certo, que isso não é justo? Eles não teriam nada se não fosse por você." É então que você diz: "Não, eles não estão tirando nada de mim. Eu estou dando a eles. Vou abençoá-los e ser bom para eles. Deus cuidará de mim. Prefiro ter Deus cuidando de mim a ter pessoas cuidando de mim."

No livro de Rute, o oitavo livro da Bíblia, encontramos outro exemplo da bondade e da fidelidade de Deus. Rute foi bondosa com Noemi, cujo marido havia morrido. O marido de Rute, um dos filhos de Noemi, também havia morrido. Outra de suas noras, Ofra, voltou para sua família depois que seu marido morreu. Mas Rute disse: "Vou ficar com você, Noemi." Noemi era uma mulher mais velha e precisava ter alguém com ela.

Rute foi com Noemi ao país natal dela, e quando chegaram ali, elas não tinham comida ou provisão. Rute foi ao campo de Boás e "respigou" nos campos, o que quer dizer que ela foi andando atrás dos colhedores e apanhando os restos dos grãos que sobravam da colheita do dia. Elas tentavam se alimentar com isso.

Em resposta à bondade de Rute para com Noemi, Deus falou com Boás, o proprietário do campo, que era o homem mais rico do país. Deus lhe disse: "Quero que você deixe deliberadamente punhados de grãos para ela."

Se você for bondoso para as pessoas por onde quer que vá, você encontrará mãos cheias da parte de Deus deixadas deliberadamente para você. Você terá uma pilha de bênçãos aqui e ali. É tão empolgante servir a Deus assim, porque você começa a ver as coisas que Deus pode fazer por você que nenhuma outra pessoa faria. Eu disse a Deus há anos: "Quero que Tu me abençoes tanto que eu simplesmente ande por aí o tempo todo com a boca aberta de assombro."

A MISERICÓRDIA PRECEDE A CURA

Creio que a misericórdia deve preceder a cura. Muitas vezes tentamos merecer uma cura. "Orei corretamente; fiz isso e aquilo corretamente; agora cura-me." Mas Mateus 20:30,31 diz: *"Dois cegos estavam sentados à beira do caminho e, quando ouviram falar que Jesus estava passando, puseram-se a gritar: 'Senhor, Filho de Davi, tem misericórdia de nós!' A multidão os repreendeu para que ficassem quietos, mas eles gritavam ainda mais: 'Senhor, Filho de Davi, tem misericórdia de nós!'"* A Bíblia diz que Jesus parou.

Ele estava a caminho de algum lugar e aqueles sujeitos clamaram: "Jesus! Tem misericórdia de nós." Ele não os conhecia. Jesus poderia ter dito: "Não conheço vocês." A multidão estava dizendo: "Calem-se. Parecem de incomodá-lo. Ele não quer tratar de vocês." Mas eles simplesmente clamavam ainda mais. "Jesus! Tem misericórdia de nós." Então Jesus parou.

E em Mateus 20:32-34, a Bíblia diz: *"E Jesus parou e chamou-os, e perguntou: 'O que querem que eu faça por vocês?' Eles lhe responderam: 'Senhor, queremos que nossos olhos sejam abertos.' E Jesus, apiedando-se, tocou os olhos deles; e instantaneamente eles receberam a visão...".* O clamor por misericórdia faz Jesus parar.

Não clamamos por misericórdia o bastante. Passamos tempo demais tentando *merecer* a bondade de Deus. Em Lucas 17:12-19, leprosos clamaram por misericórdia, e todos eles receberam cura, mas somente um voltou para agradecer a Jesus. Em Mateus 15:22-28, uma mulher cananéia disse com um clamor alto e urgente: *"Senhor, Filho de Davi, tem misericórdia de mim! Minha filha está endemoninhada e está sofrendo muito."* E a filha dela foi liberta.

Em Mateus 17:15, vemos um homem cujo filho tinha epilepsia, e ele disse: *"Senhor, tem misericórdia de meu filho. Ele tem ataques e está sofrendo muito. Mui-*

Capítulo 11

tas vezes cai no fogo ou na água." Jesus parou novamente. Ele havia saído de uma cidade e estava a caminho de outra. Parece que todas as vezes que Jesus andava uma pequena distância, alguém dizia: "Oh, Jesus! Tem misericórdia de mim." E Ele parava e falava com eles.

> **Passamos tempo demais tentando merecer a bondade de Deus em vez de simplesmente recebê-la.**

O que aconteceria em nossa vida se parássemos quando tivéssemos uma chance de ser bondosos e misericordiosos? Se semeássemos sementes de bondade e misericórdia, encontraríamos punhados deixados deliberadamente ao longo de todo o nosso caminho.

Penso nisso quando estou fazendo compras, andando por estacionamentos lotados e em *shoppings* com todas as pessoas grosseiras que são capazes de machucar você para conseguir o último objeto da liquidação. Dave e eu os chamamos de "demônios do *shopping*". Recuso-me a brigar com alguém por uma peça de mercadoria da qual, no fim das contas, provavelmente nem mesmo preciso. Prefiro me humilhar e esperar em Deus para me dar o que preciso. O resultado disso é que descobri que quando vamos fazer compras, costumamos encontrar liquidações que não esperávamos. Sim, Deus cuidará de nós se tratarmos os outros da maneira que Ele os trataria. Demonstrar misericórdia em lugar de julgamento provoca uma recompensa. Isso abre a porta para uma vida empolgante e excepcional.

O Salmo 23:6 termina dizendo: "*Bondade e misericórdia certamente me seguirão todos os dias da minha vida; e habitarei na Casa do* SENHOR *para todo o sempre*" (ARA). Bondade e misericórdia estão seguindo você por toda parte. Você não pode fugir delas porque elas estão em toda parte. Decidi parar de fugir delas e correr para elas.

Minha história favorita sobre correr para a misericórdia na Bíblia é a do cego Bartimeu, em Marcos 10:46,47. Ela diz que Bartimeu clamou: "*Jesus, Filho de Davi, tem compaixão de mim [agora]!*" Na versão *Amplified* da Bíblia (ainda não traduzida para a língua portuguesa), *agora* é seguido de um grande ponto de exclamação. Em outras palavras, ele não queria esperar pela sua misericórdia. Ele queria a sua misericórdia *agora!*

PELA GRAÇA DE DEUS, AQUI VOU EU

Paulo disse algo interessante. Ele disse: "Recebi a misericórdia de Deus porque eu agia por ignorância."[11] Paulo, que um dia foi Saulo, perseguia os cristãos. A Bíblia diz que ele perseguia os cristãos com veemência e determinação e os reunia para serem apedrejados, espancados e aprisionados.[12] Ele era realmente ignorante porque achava que estava prestando um serviço a Deus. Saulo não entendia a nova aliança. Quando Deus lhe apareceu na estrada de Damasco, ele recebeu Cristo em seu coração. As escamas caíram de seus olhos, e ele viu a verdade. Deus o chamou para ser aquele que levaria a mensagem da graça à Igreja. Paulo, mais que qualquer outro, podia entender a graça de Deus porque sabia o que ela era ao dizer coisas do tipo: "Mas pela graça de Deus, aqui vou eu."

Se pudermos realmente entender quanta misericórdia e graça é preciso para Deus nos amar, então poderemos amar as outras pessoas. Amo essa afirmação de Paulo, por isso a repito: *"Recebi misericórdia de Deus porque agi por ignorância."* Jesus na cruz disse: *"Pai, perdoa-lhes, pois não sabem o que estão fazendo."*[13] Estêvão, enquanto era apedrejado, disse: *"Senhor, não lhes imputes este pecado!"*[14]

Por que Jesus e esses homens de Deus oraram assim? Porque entendiam que existem pessoas que foram enganadas, e não sabem se comportar de uma maneira melhor.

Minha filha me disse recentemente que a meta dela para o ano era aprender a amar ou a tratar com bondade e gentileza cada pessoa que cruzasse o seu caminho e que fosse má para com ela. Ela disse: "Essa é a minha meta. Quero me submeter a Deus na área das minhas emoções e na maneira de me comportar, então, quando estou em público e alguém me maltrata, reajo com bondade."

Ela disse: "Uma das coisas que Deus me mostrou e que realmente me ajuda a fazer isso é que quando alguém me trata de maneira grosseira, posso parar e pensar: *Não sei o que ela está passando. Talvez esteja neste instante com tanta dor nas costas, que mal consiga ficar de pé para fazer o seu trabalho. Talvez ela tenha*

Capítulo 11

um filho que acaba de morrer. Talvez tenha uma enxaqueca terrível. Talvez seu marido a tenha abandonado e esteja vivendo com outra mulher. Talvez ela simplesmente tenha acabado de saber que foi demitida e que deve deixar o emprego na próxima sexta-feira."

Não entendemos o que está acontecendo na vida das pessoas.

A bondade fará com que você desacelere e dê tempo às pessoas. As pessoas estão vivendo debaixo de tanto estresse, que em boa parte do tempo elas não sabem sequer o que estão fazendo. A vida não foi planejada para ser como é hoje. Não estávamos destinados a viver no ritmo rápido que vivemos, com milhares de coisas vindo em nossa direção de uma só vez. Se você for a um país de outro continente, perceberá que o ritmo desacelerará inacreditavelmente. Os moradores das Américas parecem estar sobrecarregados em todas as áreas. O estresse é a doença do século 21, e ele deixa as pessoas carrancudas.

Nem temos mais tempo de conversar com ninguém. Em alguns desses outros países, eles ficam ofendidos se você não reserva tempo para ter comunhão com os outros. Eles não querem nada com pressa. Mas nós temos o hábito de querer tudo resolvido imediatamente.

Acho que devíamos regressar a alguns princípios básicos e entender que perdemos de vista muitas coisas. As pessoas não têm mais tempo umas para as outras. A bondade e a misericórdia precisam ser trazidas de volta para a nossa lista de prioridades.

É preciso que haja um remanescente do povo de Deus que se posicione e decida não negociar seus princípios. O povo de Deus precisa dizer: "Chega. Vou viver e permanecer nos princípios de Deus. Não me importa o que isso me custe pessoalmente. Não me importa o quanto seja difícil para mim emocionalmente. Vou fazer o que a Palavra de Deus diz porque fui chamado para ser luz em um mundo em trevas e vou brilhar."

Devemos fazer tudo que pudermos para desenvolver o fruto da bondade e da misericórdia em nossa vida.

Capítulo 12

Paz — Precisamos Mantê-la

Como vimos em Gálatas 5:22,23, um dos frutos do Espírito Santo é a paz. Portanto, uma vez que fomos cheios do Espírito Santo de Deus, nossas vidas como crentes deveriam ser cheias de paz.

A paz deve ser muito importante; do contrário, Jesus não a teria deixado para nós.

Jesus tinha paz, um tipo especial de paz, e Ele nos disse em João 14:27: "Deixo-*vos* a *paz*, a minha própria paz vos *dou...*". A versão *Amplified* desse versículo diz um pouco mais: "Deixo-*vos* a *paz*, a minha própria paz vos *dou e deixo como herança...*". A expressão "deixar como herança" está ligada à execução de testamentos. Quando as pessoas morrem, elas deixam uma herança ou um testamento dos seus bens, principalmente das coisas de valor, para as pessoas que amam e que ficam, como um presente para elas.

Nessa passagem, Jesus estava partindo. Quando Ele passou deste mundo para estar sentado à direita de Seu Pai no céu, para esperar até que Seus inimigos fossem colocados como estrado dos Seus pés,[1] Ele quis nos deixar algo. Ele poderia ter nos deixado qualquer coisa que quisesse. Poderia ter nos deixado uma série de coisas boas, como Seu poder e Seu nome, e Ele o fez. Mas em João 14:27, Ele nos diz que também nos deixou Sua paz.

Você não deixa coisas ruins para as pessoas que ama; você deixa para elas o melhor que você tem. Portanto, creio que a paz, para Jesus, era uma das coisas mais preciosas que Ele tinha e que podia dar.

A PAZ É MAIS VALIOSA DO QUE AS COISAS

Nada vale coisa alguma se você não tiver paz.

O dinheiro de nada adianta se você não tiver paz. Ser famoso de nada adianta se você não tiver paz. Ter o emprego mais importante e de maior prestígio de toda a empresa não é importante se você não tem paz. Quantas pessoas passam a vida tentando subir a escada do sucesso, e todas as vezes que elas sobem mais um degrau, por causa da pressão, elas perdem mais um pouco da sua paz e mais do tempo que têm para passar com a sua família. A vida inteira delas é consumida pela pressão e o estresse de tentar fazer tudo que é preciso para manter aquele emprego. Elas têm aquele cargo, mas precisam se preocupar em mantê-lo o tempo todo. Logo, a saúde delas está desmoronando, e elas não têm nenhuma paz de espírito.

Quantas pessoas vivem a vida inteira assim?

Algumas até trabalham em diversos empregos para conquistar todas as coisas que o mundo exibe diante de nós, dizendo: "Você precisa ter isso para ser realmente feliz." Elas conseguem todas essas "coisas", mas continuam sem ter nenhuma paz.

Realmente acredito que estamos confusos. Romanos 14:17 nos diz: *"Porquanto o Reino de Deus não é comida nem bebida* [não são coisas], *mas justiça, paz e alegria no Espírito Santo"*. Como vimos, viver no Reino de Deus é saber quem você é em Cristo, não viver sob condenação, mas tendo *"a paz de Deus, que excede todo entendimento*[2] *e alegria indizível e cheia de glória"*.[3]

Sim, Deus quer que tenhamos coisas boas. Ele quer que usemos roupas boas e tenhamos carros bons, que possamos tirar férias de qualidade e ter as nossas necessidades atendidas e que possamos abençoar as pessoas. Se Deus vai abençoar alguém, porque não os próprios filhos? Ele não quer que os incrédulos tenham todo o dinheiro. Mas acredito que às vezes eles têm mais bom senso do que nós no que se refere a dinheiro.

De acordo com I Coríntios 1:30, Jesus se tornou para nós a sabedoria de Deus. Em outras palavras, os crentes em Jesus Cristo têm sabedoria, mas eles nem sempre agem como se a tivessem, principalmente no que se refere às finanças. Uma pessoa não pode gastar mais do que ganha e desfrutar uma vida excepcional. Precisamos seguir os princípios bíblicos com relação ao nosso dinheiro. Deus nos ensina a trabalhar duro e pagar as nossas contas. Devemos ser pessoas íntegras, honradas, que são honestas de todas as maneiras.

DÊ AQUILO QUE VOCÊ QUER TER

Gosto do sistema de Deus. Se você quer ter mais, dê algo que possui. Quando você tiver êxito sendo um doador, perceberá que fazer isso é diferente de simplesmente dar.

Um verdadeiro doador anda por aí procurando oportunidades para dar. Eles não se ofendem quando alguém no ministério fala sobre dar. O motivo é porque eles estão fazendo o que é certo quando dão, de modo que eles não se sentem pressionados. Eles têm paz financeira e prosperidade.

COLOQUE DEUS EM PRIMEIRO LUGAR

Vimos que Deus quer que tenhamos coisas. Mas observe o que Mateus 6:33 diz:

> **Busquem, pois, em primeiro lugar o Reino de Deus e a sua justiça, e todas essas coisas lhes serão acrescentadas.**

Muitos crentes deixam passar esse ponto e cometem um grande erro desperdiçando a vida cristã em busca de dinheiro. Agora, não há nada de errado em ter dinheiro, desde que coloquemos Deus em primeiro lugar em nossa vida. Quando fazemos isso, não creio que tenhamos de passar muito tempo nos preocupando com dinheiro.

Se um agricultor planta a sua semente em bom terreno, ele não precisa ficar parado ali, crendo para que ela cresça. As sementes que ele plantou simplesmente vão brotar porque esse é o milagre da lei de Deus da semeadura e da colheita.[4] É verdade que essa é uma lei espiritual, mas não significa que não precisamos exercitar a nossa fé para receber. Creio que

Capítulo 12

alguns cristãos se tornam pessoas que simplesmente jogam alguma coisa no cesto das ofertas todas as vezes que ele é passado na igreja, sem misturar a sua fé ao ato de dar.

Creio que precisamos misturar a nossa fé em tudo que fazemos. Mas não temos de sair por aí da manhã até a noite usando a nossa fé para ter dinheiro. Deus quer que tenhamos uma mentalidade de semeadores, e não de pessoas carentes.

"Se você tem uma necessidade, não saia brigando por ela, mas semeie por ela."

POBREZA ESPIRITUAL

Então o Reino não é composto de coisas; elas são os benefícios do Reino. Lembre-se de que o Reino de Deus é *"justiça e paz, e alegria no Espírito Santo"*. Não importa quanto dinheiro você tem; se você não tem paz, você foi atingido pela pobreza.

Há mais de uma espécie de pobreza, mas creio que a pobreza espiritual é um dos piores tipos de pobreza que se pode ter. Quando alguém é pobre espiritualmente, está vazio e seco, e se sente morto por dentro. Isso significa que não existe alegria, paz, autoestima; esse alguém está sob autocondenação o tempo todo; não pode ouvir Deus ou sentir a Sua presença.

No sentido oposto, quando você tem tudo isso, você pode lidar com qualquer coisa que cruzar o seu caminho. Mas o dinheiro não afastará a morte da sua vida. Jesus disse: *"Deixo-vos a paz, a minha própria paz vos dou e deixo como herança..."*. Estou repetindo isso porque quero que você entenda o quanto é importante ter paz.

Descobri em minha vida que se eu não entender realmente o quanto é importante ter paz, não farei o que preciso fazer para tê-la.

O ponto principal é este: você não terá paz só porque quer. Você terá paz porque age com domínio próprio. Você lerá mais sobre domínio próprio em um capítulo posterior, mas, por ora, lembre-se de que o domínio próprio é não permitir que as emoções negativas governem você. É decidir: "Não vou deixar você roubar a minha paz." Faça o seu melhor para praticar o domínio próprio a fim de permanecer sempre em paz.

136

Você está permitindo que pessoas que o cercam roubem a sua paz? Algumas pessoas não querem ter paz alguma, e você está deixando que elas roubem a sua.

Você não precisa deixar que outras pessoas o deixem infeliz. Se alguém quer reclamar o dia inteiro, você não pode impedir, mas mantenha a sua alegria. Mantenha a sua paz.

Houve um tempo em que eu não era feliz com minha vida. Eu não tinha paz e alegria, e certamente não estava desfrutando minha vida. Uma coisa que eu não entendia era que não eram apenas as coisas grandes, mas as coisas pequenas da vida que não aconteciam do meu jeito que estavam roubando a minha paz.

Passei mais da metade da minha vida ficando angustiada. Já vivi mais da minha vida do que ainda me resta viver, e tomei uma decisão firme há alguns anos de que, seja qual for o tempo que me resta, vou desfrutá-lo, e vou ter paz. Não vou ficar angustiada por causa do ministério ou por causa do que as pessoas pensam ou não pensam a meu respeito. Não vou ficar angustiada por tentar saber se as outras pessoas me aprovam ou não me aprovam, gostam de mim ou não gostam, acham que eu deveria fazer o que estou fazendo ou acham que eu não deveria fazê-lo.

Querer agradar às pessoas e fazê-las felizes não é errado. Na verdade, a instrução de vivermos em harmonia e em paz com os outros está na Bíblia.[5] Mas tenha em mente que ainda que você viva a sua vida tentando fazer as pessoas felizes, ainda haverá alguém que não irá gostar do que você está fazendo.

Faça da busca por permanecer em paz uma prioridade.

SEU CORAÇÃO ESTÁ PERTURBADO?

Vimos anteriormente em João 14:27 que Jesus falou sobre nos deixar a Sua paz. Ele enfatizou: *"não a dou como o mundo a dá..."*. Observe Sua instrução na próxima parte desse versículo: *"Não se perturbe o seu coração..."*.

Seu coração está perturbado? Nesse versículo, Jesus não apenas nos ordenou a não deixarmos nosso coração se perturbar, mas também para não deixarmos nosso coração ter medo. Apenas na versão *Amplified*, lemos essa ampliação do versículo: *"Parem de se permitir ficarem agitados e perturbados, e não se permitam ter medo e ser intimidados e inquietos covardemente"*.

Então, quando você começar a ficar angustiado, lembre que apenas uma coisa dará fim a isso. Você precisa parar. Você precisa se controlar e dizer: "Não, não vou ficar angustiado."

Podemos escolher ficar angustiados, e podemos optar por não ficarmos angustiados. Muitas vezes dizemos: "Não consigo evitar."

Sim, podemos evitar. Como? Descobri que se estou perto de alguém a quem quero impressionar, ou de alguém diante de quem não quero fazer papel de boba, é impressionante como posso me controlar e me impedir de ficar angustiada.

Não é impressionante como podemos exibir domínio próprio quando queremos impressionar alguém?

A verdade é que não tentamos nos controlar quando estamos com pessoas a quem não queremos impressionar ou com quem não nos importamos. Nesses momentos, não nos importamos com a nossa maneira de agir. Não nos importamos com o que essas pessoas pensam. Não nos importamos se vamos magoá-las ou se seremos desagradáveis. Mas precisamos entender que aonde quer que formos, somos testemunhas daquele a quem dizemos que servimos e amamos.

O FRUTO VEM DO AMOR

O amor é o primeiro fruto do Espírito mencionado em Gálatas 5. Poderíamos não ter nenhum dos outros frutos do Espírito, mas não poderíamos passar sem o amor.

Como podemos ser pacientes se não tivermos amor? Como podemos ter alguma paz se não tivermos amor? Como podemos ser bondosos para outros se isso não vier do amor? Por que seríamos bons para alguém se isso não viesse do amor?

I Coríntios 13:4 começa assim: "O amor é paciente, o amor é bondoso...". Se olharmos a descrição do fruto do Espírito em Gálatas 5:22,23, veremos que ela diz basicamente o mesmo, começando com amor e terminando com domínio próprio. Amor e domínio próprio são como aparadores de livros — todos os frutos do Espírito procedem do amor, mas eles são mantidos no lugar pelo domínio próprio.

Não podemos agir em paz a não ser que a nossa paz esteja ligada ao amor e ao domínio próprio.

TENHA PAZ DELIBERADAMENTE

Quando Jesus disse, na versão *Amplified*: "*Parem de se permitir ficarem agitados e perturbados, e não se permitam ter medo e ser intimidados e inquietos covardemente*", Ele estava dizendo: "Estou deixando a minha paz com vocês, mas isso não significa que ela vai funcionar automaticamente. Significa que estou lhes dando algo, uma reserva de onde vocês podem sacar, mas vocês terão de ter paz deliberadamente."

Você precisa entender que o diabo tenta armar ciladas para deixá-lo angustiado. Ele faz o possível para levá-lo ao limite para que você perca a sua paz. Por quê? Ele sabe que se você não permanecer em paz, a sua unção não fluirá. Se você não permanecer em paz, não poderá ouvir Deus.

> Podemos nos recusar a deixar que as emoções negativas roubem a nossa paz.

Quando as pessoas perdem a paz e deixam as emoções tomarem conta, elas começam a fazer todo tipo de coisas que não fazem sentido algum. Elas podem dizer coisas que não querem dizer. Podem comprar coisas que não querem comprar e pelas quais não podem pagar. Elas podem comer quando não estão com fome. Ou podem estar tentando parar de fumar, e o diabo pode deixá-las loucas usando alguém e levando-as a pensar: *Você vai ver só. Vou sair e fumar quatro maços de cigarros e três charutos.*

A quem isso vai ferir a não ser a elas mesmas?

Você pode se recusar a deixar que as emoções negativas o governem e não permitir que os outros o deixem infeliz e roubem a sua paz. Quando você começar a ficar angustiado com alguma coisa, decida-se a parar com isso imediatamente. Esse é um bom momento para praticar o fruto do domínio próprio. Quando as coisas começarem a sair do controle, o domínio próprio ajuda a trazer as coisas de volta aos eixos.

Capítulo 12

DOMÍNIO PRÓPRIO É TEMPERANÇA

Quando finalmente chegamos ao ponto de entender o que Satanás está tentando fazer, é quase um jogo divertido de se jogar.

Agora percebo quando o diabo tenta me irritar e roubar a minha paz, e realmente gosto de me agarrar à minha paz e saber que tenho uma vantagem sobre ele.

Isso não significa que eu não me sinta irritada. Não estou falando de não se sentir irritado no seu interior, mas estou falando de se controlar. É algo que temos de fazer por nós mesmos. O nosso problema é que estamos sempre esperando que todos os sentimentos negativos desapareçam, e isso simplesmente não vai acontecer.

Certa manhã, eu estava tentando colocar as minhas lentes de contato, e tive de tentar sete vezes antes de conseguir colocá-las sem que me machucassem. Geralmente consigo colocá-las na primeira tentativa, mas naquele dia isso não estava funcionando por alguma razão. Depois de cerca de quatro tentativas comecei a rir, e disse ao diabo em voz alta: "Sinto muito, diabo, você não vai roubar a minha paz."

Outro dia eu estava batendo uma bebida nutritiva que costumo tomar e quando eu a misturando no *mixer*, a mistura explodiu e se espalhou por toda parte. Eu disse em voz alta: "Tudo bem, acho que vou limpar tudo e começar de novo." Recusei-me a perder a minha paz. No mesmo dia, quando eu estava fazendo uma xícara de cappuccino, derramei o expresso enquanto estava vaporizando o leite. Respirei fundo e comecei de novo sem perder a paz. Satanás odeia quando desenvolvemos domínio próprio suficiente a ponto de conseguirmos ficar em paz durante as tempestades da vida. Para mim, isso é viver de uma maneira excepcional. Gosto de estar no controle muito mais do que deixar o diabo no controle.

SEJA UM BOM EXEMPLO

Às vezes ficamos mais preocupados com as coisas externas do que deveríamos e nem de longe preocupados com a nossa vida interior. I Pedro 3:3,4 nos diz: "A beleza de vocês não deve estar nos enfeites exteriores, como cabelos trançados e joias de ouro ou roupas finas. Ao contrário, esteja no ser interior, que não perece, beleza demonstrada num espírito dócil e tranquilo, o que é de grande valor para Deus." Em outras palavras, Deus pode gostar da sua roupa, e Ele pode achar que ela é bonita, mas Ele não está nem de longe preocupado com a sua aparência externa tanto quanto com o estado interior do seu coração.

É muito importante chegarmos ao nosso destino em paz. Como podemos ser testemunhas para alguém no nosso trabalho se quando chegamos lá pela manhã estamos totalmente desequilibrados? Como nossos filhos vão acreditar que o que pregamos realmente funciona se eles não veem isso funcionando em nossa vida? Se os seus filhos veem você dando chiliques três vezes por semana, eles vão crescer e fazer a mesma coisa. Se você for rebelde para com a autoridade, não espere que seus filhos sejam submissos a você.

Eles veem como agimos nas provações e tribulações, e observam como agimos quando estamos sob pressão. Eles veem como agimos quando não conseguimos as coisas do nosso jeito. Eles veem como agimos quando alguém tenta nos corrigir. Eles veem se somos rebeldes ou não. E eles vão fazer exatamente o que nós lhes ensinamos com os nossos atos.

Temos de ser um bom exemplo para as pessoas. Temos de parar de dizer a todos como agir, e depois, quando passamos por um teste em nossa vida, fazemos exatamente o contrário.

Lembro-me de uma vez em que eu estava realmente irritada com alguma coisa, e eu disse: "Oh, Deus, o que vou fazer? Não sei o que fazer", e Ele falou ao meu coração: "Por que você simplesmente não faz o que diria a outra pessoa para fazer se ela a procurasse com este problema?"

O que eu teria dito a ela? "Bem, agora você precisa se acalmar. Precisa confiar em Deus. Precisa manter a sua fé e ser paciente."

Uma coisa é dar conselhos, outra coisa é colocá-los em prática.

ALEGRE-SE NO SENHOR

O apóstolo Paulo falava muito sobre paz e alegria. Ele falou muito sobre justiça porque sabia o que realmente era importante na vida. Em Filipenses 4:4 ele disse: "Alegrem-se sempre no Senhor. Novamente direi: Alegrem-se!".

Capítulo 12

Você está ciente de que Paulo escreveu esse versículo quando estava na prisão? Certa vez, quando estive em Roma, visitei a mesma prisão em que ele esteve e entrei nela. A cela de Paulo, do tamanho de um banheiro, era úmida e com muros frios e escuros de pedra cinza, e tinha um péssimo odor. Ouvi um relato dizendo que a prisão estava localizada onde o esgoto da cidade era lançado na época.

É bem possível que quando Paulo escreveu esse versículo ele estivesse com água de esgoto até os joelhos. Como ele poderia dizer para nós *nos alegrarmos no Senhor*? Porque ele sabia que a alegria do Senhor era a sua força.[6]

NÃO SE IRRITE

Uma maneira garantida de perder a sua paz é ficar irritado e ansioso. Filipenses 4:6,7 diz:

> **Não andem ansiosos por coisa alguma, mas em tudo, pela oração e súplicas, e com ação de graças, apresentem seus pedidos a Deus. E a paz de Deus, que excede todo o entendimento, guardará o coração e a mente de vocês em Cristo Jesus.**

Nenhuma pregação ou mensagem é realmente útil se não for dada alguma instrução sobre como obter aquilo que precisamos. Paulo estava constantemente tentando ensinar as pessoas a ter paz e alegria. Este é o resultado final que todos nós precisamos: "Mostra-me como posso ter paz. Se preciso parar de me preocupar para ter paz, então não vou mais me preocupar. Se tenho de parar de ter uma boca negativa para não perder a minha alegria, então não vou ter uma boca negativa. Mostra-me o que fazer para ter justiça, paz e alegria porque a vida do Reino é ter justiça, paz e alegria no Espírito Santo."

Creio que às vezes trabalhamos arduamente nas coisas erradas e não o suficiente nas coisas certas. Precisamos nos decidir: "Eu vou ter paz" e começar a estudar o que a Palavra de Deus tem a dizer sobre a paz, em seguida meditar nas mensagens da Palavra sobre paz e observar a nossa vida.

Se você observar a sua vida, ficará impressionado quando vir quantas vezes por semana Satanás lança um ataque contra você com o único propósito de roubar a sua paz.

Quando finalmente percebi isso, Deus disse em meu espírito: "Joyce, se o diabo quer tanto a sua paz, então deve haver algo muito poderoso em manter a paz."

SEM CONTENDAS

Quando Jesus enviou os discípulos de dois em dois para fazerem milagres, sinais e maravilhas, curarem os enfermos e dizer a eles que o Reino de Deus está próximo, basicamente, Ele lhes disse: "Vão, encontrem uma casa e digam: 'Paz seja convosco.' E se a sua paz cair sobre aquela casa, vocês podem ficar ali. Se não, sacudam a poeira dos seus pés e sigam em frente."[7]

Uma vez, Deus me levou por várias vezes a esse versículo, e eu não sabia o que Ele estava tentando me dizer. Então finalmente eu vi o que era. Ele estava tentando me fazer entender a mesma coisa que Jesus estava lhes dizendo: "Quero que você saia com a unção, Joyce, mas para fazer isso você precisa ter paz em casa."

Nessa passagem, os discípulos estavam tentando estabelecer uma base de operações, e Jesus estava lhes dizendo: "Quando vocês encontrarem um lugar que tenha paz, essa pode ser a sua base de operações, e vocês podem sair e voltar quantas vezes for necessário. Se ali não houver paz, vocês precisam fazer o que puderem para adquirir e manter a paz porque isso afeta negativamente a unção e o poder de Deus que repousa sobre a vida de vocês."

Mantenha a contenda fora da sua vida — trabalhe nisso. Em Filipenses 2:2, Paulo disse aos filipenses para encherem e completarem a sua alegria vivendo em harmonia.

APRENDA A DIZER NÃO

Em 2 Timóteo 2:23, a Bíblia diz: "Evite as controvérsias tolas e inúteis, pois você sabe que acabam em brigas." Temos de manter a contenda fora de nossa vida, fora do nosso casamento e fora dos nossos relacionamentos.

Parece que está ficando cada vez mais difícil conviver com as pessoas. Creio que o motivo é porque todos têm muita pressão sobre si. Mas muitas vezes fazemos isso com nós mesmos, afinal, somos nós que fazemos a nossa agenda e decidimos quanta pressão teremos a cada dia.

143

Capítulo 12

Certo dia eu estava reclamando da minha agenda apertada e Deus me disse: "Joyce, você programou a agenda; não fui eu que fiz isso. Pare de reclamar comigo. Se você não quer fazer tudo isso, corte algumas coisas de sua vida."

Não temos de dizer sim para tudo que nos propõem. Podemos dizer: "Não, não posso fazer isso. É demais para mim. Preciso descansar, então vou ficar em casa esta noite e ter um pouco de paz."

Creio que parte do nosso problema é o orgulho. Não queremos sequer pensar que alguma coisa é demais para nós. Não queremos dizer: "Se eu me comprometer em fazer isso vou ficar assoberbado", porque poderíamos parecer fracos.

AME A PAZ

Tiago 3:17 diz que a sabedoria é pacífica. Em outras palavras, se quisermos andar em sabedoria, então temos de amar a paz.

O versículo 18 continua dizendo: "*O fruto da justiça semeia-se em paz para os pacificadores.*"

Isso me diz que Satanás tenta nos irritar antes de irmos a um culto na igreja. Então podemos estar plantando sementes, mas elas não estão sendo plantadas de um coração de paz para um coração de paz.

Esses versículos dizem que a semente que vai produzir uma colheita de justiça precisa ser semeada por alguém que ame a paz, trabalhe por ela, a promova e a mantenha nas pessoas que têm o coração cheio de paz.

Anos atrás eu não fazia ideia do que era a vida interior. Quero dizer, eu estava totalmente envolvida com o meu exterior, com a maneira como eu parecia aos olhos de todos. Mas Jesus vive em nós, e Ele está lá dentro gritando: "Quero um pouco de paz nesta casa."

Nós somos a casa dele,[8] e Ele não quer ter em casa o tumulto, a preocupação e a irritação; os pensamentos negativos, críticos e julgadores que costumamos ter. Ele não quer que pensemos em coisas negativas sobre nossa família. Temos de ter paz. A paz interior gera a paz exterior.

JESUS É A NOSSA PAZ

A esta altura, espero que você esteja ficando faminto de paz.

Você não vai encontrar essa paz de que estou falando em uma garrafa. Você não vai encontrá-la em uma pílula. Não vai encontrá-la em uma agulha. Não vai encontrá-la em algum outro relacionamento que você acha que precisa ter. Você não vai encontrá-la comprando mais alguma coisa, nem uma casa maior, nem um carro melhor nem uma promoção no trabalho. Você não vai encontrá-la em nenhum outro lugar. Ela precisa vir de dentro de você.

Você pode ter tentado encontrar a paz a partir de alguma dessas maneiras, mas você está olhando para o lado errado. Jesus é a nossa paz, e você pode ter paz com Ele se o aceitar em seu coração e deixar que Ele governe a Sua vida.

PROTEJA A SUA PAZ DO LADRÃO DA PAZ

Pois, quem quiser amar a vida e ver dias felizes, guarde a sua língua do mal e os seus lábios da falsidade. Afaste-se do mal e faça o bem; busque a paz com perseverança.

1 Pedro 3:10,11

Não há nada a que Satanás se dedique com mais empenho do que tentar roubar a nossa paz. Jesus devia saber disso porque Ele nos deixou a Sua paz.

MANTENHA A PAZ

Quando Jesus e os discípulos estavam atravessando o lago e uma tempestade se levantou, os discípulos entraram em pânico, mas Jesus pôde se levantar no barco e repreender a tempestade.[9]

Você não pode repreender as tempestades da sua vida se tiver uma tempestade dentro de você. Os discípulos não puderam repreender a tempestade porque eles perderam a paz e estavam tão agitados quanto a tempestade. Mas quando Jesus disse: "Paz, aquietai-vos", vindo daquele poço de paz que Ele tinha dentro de si, imediatamente o vento e as ondas se acalmaram.

Capítulo 12

> **A paz não está em uma pílula, uma agulha ou nas coisas materiais, mas em Jesus.**

Temos de ter paz em nossa vida. Para fazer isso, precisamos aprender a manter a paz nos nossos relacionamentos com Deus, com nós mesmos e com o nosso próximo.

Mantemos a paz com Deus crendo e confiando nele. Não fique furioso com Deus porque você orou e o que você pediu não aconteceu. Não fique furioso com Deus porque seu amigo foi curado e você, não. Não fique furioso com Deus porque sua amiga se casou e você, não. Confiar em Deus em todas as situações é a única maneira de permanecer em paz.

Você não pode ter paz sem crer. De acordo com Romanos 15:13, alegria e paz estão em ter fé e confiança. Então, quando você perder a sua paz, verifique se você continua crendo.

Deixe que o seu tempo esteja nas mãos de Deus, como diz o Salmo 31:15. Você perderá a sua paz se tentar fazer as coisas acontecerem fora do tempo de Deus. Portanto, pare de tentar entender o que Deus está fazendo em sua vida e confie nele. Pare de racionalizar. Saia do seu cérebro. Pare de pensar tanto.

Às vezes fico observando as pessoas. Elas praticamente ficam loucas tentando entender tudo, pensando coisas como: *Eu costumava sentir a presença de Deus o tempo todo e agora não sinto mais a presença de Deus.*

Passei por tudo isso até que finalmente cheguei a uma conclusão: "Deus, ninguém vai entender o Senhor, e eu estou cansada de tentar. O Senhor fará o que quer de qualquer modo, então é melhor eu simplesmente entrar em um acordo com isso."

Quando você descobrir que Deus fará o que Ele quer de qualquer modo, isso irá ajudá-lo tremendamente. Sendo assim, não faz sentido tentar lutar contra Ele. Você deveria entrar no fluxo e seguir na mesma direção de Deus. Ter um chilique não vai fazer Deus mudar de ideia.

Quando você vive tanto quanto eu já vivi, simplesmente começa a ficar um tanto realista a respeito de algumas coisas. Já andei ao redor dessa montanha algumas vezes. Há vantagens em envelhecer. Você finalmente adquire certo bom senso e percebe que os caminhos de Deus não são os caminhos do homem. Naturalmente, você não pode entender Deus.

Outra área na qual mantemos a paz é em nós mesmos. Fazemos isso nos recusando a viver em culpa e condenação, reconhecendo que Deus é maior que todos os nossos pecados.

Também alcançamos a paz mantendo-a com o nosso próximo, não permitindo que a contenda seja parte dos nossos relacionamentos com as outras pessoas.

CORREÇÃO DE AMOR

Quando Deus estiver tratando e corrigindo você, suporte-o. Não tente fugir disso porque Deus nos corrige assim como um pai amoroso corrige seus filhos.

Hebreus 12:11 diz: "Nenhuma disciplina parece ser motivo de alegria no momento, mas sim de tristeza. Mais tarde, porém, produz fruto de justiça e paz para aqueles que por ela foram exercitados."

Tenho paz em minha vida agora apenas por uma razão — suportei a correção de Deus.[10] Tive de deixar Deus fazer o que Ele queria fazer em minha vida. Deixei-o mostrar que eu era orgulhosa, arrogante, obstinada, controladora, manipuladora, difícil de conviver, egoísta e egocêntrica, e que eu tinha uma boca grande. Deixei que Ele me mostrasse essas coisas porque a verdade me libertaria.[11] Não a verdade sobre outra pessoa qualquer, mas a verdade sobre mim mesma.

Não é fácil suportar esse tipo de correção de Deus. Deus não irá deixá-lo em paz até que Ele tenha terminado o Seu trabalho em seu interior. Não importa quantas vezes você se canse de andar em círculos sem parar. Deus é o Oleiro e nós somos o barro, e Ele vai fazer o que quer de nós ou tudo não passará de caos e destruição.

Permanecer no cativeiro é mais difícil do que suportar a correção de Deus.

Se eu não estivesse disposta a suportar a correção de Deus, ainda estaria naquele velho caos de vinte e tantos anos atrás. Eu estava sofrendo. Sim, é preciso sofrer para se libertar, mas pelo menos você está sofrendo e indo em direção à sua vitória. Sua dor não é desperdiçada. Certifique-se de ter paz consigo mesmo. Não fique fazendo um inventário de tudo que está errado com você. Liberte-se de uma vez por todas da culpa e da con-

Capítulo 12

denação. Pare com isso. Você não vai pagar pelos seus pecados se sentindo culpado.

Creia na Palavra. Lave-se no sangue de Jesus. Arrependa-se, admita os seus pecados e creia que Deus é maior que eles. Pare de se comparar com os outros o tempo todo. Pare de colocar a sua confiança nas coisas exteriores como a aparência, o fato de você ser casado ou não, o tipo de emprego que você tem, a sua instrução, os seus dons e talentos, os seus amigos, os seus carros, os seus bens.

Seu valor não é determinado pela maneira como as outras pessoas o trataram e pelo que disseram a seu respeito. Ouça o que Deus diz na Sua Palavra. Só porque alguém o rejeitou isso não significa que você estava errado. Talvez essa pessoa tenha algum problema.

Em Gênesis 12:2, Deus disse a Abrão (que mais tarde se tornou Abraão) que Ele o abençoaria e faria dele uma bênção, e creio que Ele fará o mesmo conosco.

Creio que sou uma bênção onde quer que eu vá porque Jesus vive em mim e porque Ele está transbordando para além de mim. Não apenas isso: gosto de mim mesma por causa do que Jesus fez em minha vida; gosto do novo eu que foi recriado em Cristo.[12] E isso deixa o diabo louco também.

Sem Deus não sou nada. Mas em Cristo posso todas as coisas.[13] Morri com Cristo. Falamos sobre morrer para si mesmo anteriormente, e o velho eu está morto. Agora estou viva em Cristo, uma nova criatura. O diabo realmente odeia isso. Algumas pessoas não gostam desse tipo de conversa. Elas não entendem sobre ser uma nova criatura em Cristo, que Deus restaura a nossa autoestima e que restaura o nosso valor.

Por que você não toma uma atitude radical agora mesmo e se decide a gostar de si mesmo? Simplesmente dê um passo de fé e veja o que acontece. Apenas salte no oceano do amor de Deus e diga: "Se Tu me amas, Deus, posso amar a mim mesmo."

Estou falando sobre amar a si mesmo de uma maneira equilibrada, e não de uma maneira egoísta ou egocêntrica. Finalmente me cansei de ter pensamentos negativos a respeito de mim mesma, de não gostar de mim mesma, de me odiar, de ouvir cada pessoa negativa que queria se aproximar e dizer tudo que havia de errado comigo. Pode ter algo errado em você, mas não mais do que em qualquer outra pessoa. Eu tinha muitas coisas erradas comigo, mas não mais do que você tem coisas erradas com você.

Pare de permitir que outras pessoas dirijam a sua vida e seja guiado pelo Espírito Santo. Pare de tentar agradar às pessoas o tempo todo e seja alguém que agrada a Deus, e não ao homem. Tire o temor do homem de você. Mantenha a paz consigo mesmo, recusando-se a viver em culpa e condenação, reconhecendo que Deus é maior que todos os seus pecados. Simplesmente deixe os erros do passado para trás e avance para o futuro que Deus tem para você.

PAZ COM OS OUTROS

Como disse anteriormente, também alcançamos a paz mantendo-a com o nosso próximo, não permitindo que as contendas façam parte do nosso relacionamento com as outras pessoas.

Aprenda a reconhecer o que é a contenda e expulse-a. Pare de deixar que as suas emoções o governem. Aprenda a ficar quieto quando Deus lhe disser para ficar quieto. Guarde as suas opiniões para si mesmo se quiser conviver com as pessoas. Não tente controlar as outras pessoas; isso apenas vai roubar a sua paz.

Eu costumava querer controlar tudo que acontecia. Mas descobri que tentar governar o universo é um trabalho árduo. Eu era a "grande diretora" do "coral da vida"; eu simplesmente tinha de dirigir tudo!

Quando saíamos para comer fora, eu tinha de dirigir isso. Se fôssemos fazer compras, eu tinha de dirigir isso. Tinha de dizer a todos o que fazer. E descobri que as pessoas não gostam de ser controladas, assim como eu também não gosto de ser controlada.

As pessoas querem ter as próprias opiniões, os próprios pensamentos. Elas querem tomar suas decisões. Se elas quiserem a minha opinião, eu a darei. Mas, graças a Deus, aprendi a, na maior parte do tempo, guardar minhas opiniões para mim mesma.

Sim, tenho esse tipo de personalidade e tenho de tomar cuidado, assim como todas as outras pessoas que são como eu. Mas agora não estou mais tentando controlar ninguém porque sei que isso vai roubar a minha paz, e não vou abrir mão da minha paz.

Capítulo 12

RESPEITE O DIREITO DAS PESSOAS
DE SEREM INDIVÍDUOS

Deixe as pessoas serem quem elas são. Ajude seus filhos a se tornarem o que *Deus* quer que eles sejam, e não o que *você* quer que eles sejam.

Por exemplo, acho que fazer uma faculdade é algo maravilhoso, mas nem todo jovem é feito para fazer uma faculdade. Deus sabe o que seu filho vai se tornar, e muitas pessoas obrigam seus filhos a irem para a faculdade quando eles não querem ir, não têm a unção para isso e nem sequer têm o intelecto para isso. Isso não quer dizer que eles não são inteligentes ou não podem aprender. Significa que eles foram feitos para outra coisa na vida.

Tenho dois filhos que provavelmente não teriam tido êxito na faculdade com boas notas, mas eles estão no ministério em tempo integral agora e estão se saindo maravilhosamente bem.

Se alguém realmente tem um desejo real e um chamado em sua vida para ir à faculdade, não estou dizendo para não ir. Estou apenas dizendo que não podemos ter um conjunto de regras para todas as pessoas. Já vi pais obrigarem seus filhos a fazer isso porque eles queriam que os filhos fossem. Mas o que os filhos querem? Não se trata do que *nós*, como pais, queremos, mas do que *eles* querem. Podemos dar bons conselhos aos nossos filhos, mas não devemos manipulá-los e controlá-los.

Precisamos deixar Deus dirigir o próprio negócio.

MANTENHA A SUA PAZ

É fácil perder a paz quando alguém nos magoa. A única maneira de conviver com as pessoas é sendo generoso em perdoar. Perdoe as pessoas quando elas o ferirem. Perdoe depressa quando elas ofenderem você. Não seja hipersensível nem se ofenda facilmente. Concentre-se em engrandecer os pontos fortes das pessoas. Não as critique pelos seus erros. Não fique irado todas as vezes que não conseguir as coisas do seu jeito. Isso é muito difícil para os relacionamentos. Lembre-se de que todos nós somos diferentes. Desenvolva a capacidade de se ajustar e de se adaptar aos diferentes tipos de personalidade que o cercam.

Deus criou uma variedade de pessoas diferentes. Você pode ter um filho que é exatamente como você, e você não gosta dele por causa disso.

Ou você pode ter um filho que é diferente de você, e não gostar dele justamente por isso.

Podemos amar as pessoas, mas podemos não gostar de tudo nelas.[14] Jesus nos ordenou que amemos uns aos outros. Posso gostar de quase qualquer pessoa agora porque aprendi que somos todos diferentes. Mas antes de aprender isso, havia muitas pessoas que eu simplesmente não conseguia suportar estar por perto.

Sempre queremos que todos sejam como nós, mas descobri que precisamos de todas essas pessoas diferentes em nossa vida. Elas nos trazem equilíbrio. Portanto, seja uma bênção para as pessoas e os seus relacionamentos serão mais cheios de paz. É impressionante como as pessoas que têm paz se tornarão como você se você simplesmente for bom para elas.

OUVIR DEUS NÃO É DIFÍCIL

Amo a mensagem de Colossenses 3:15, que diz: *"Que a paz de Cristo seja o juiz em seu coração, visto que vocês foram chamados para viver em paz, como membros de um só corpo."* Fomos chamados para viver em paz.

Em outras palavras, se existe paz, então a questão está aprovada. Se não existe paz, está totalmente fora de questão. Ouvir Deus não é tão difícil. Ouvir Deus não tem nada a ver com ouvir vozes, mas tem a ver principalmente com paz, sabedoria e testemunho interior.

Você sente uma testificação quando algo está certo; você sente paz sobre aquilo e então você o faz. Se ao começar a fazer alguma coisa e sentir que está indo na direção que acha que está certa, e você sentir paz, continue a ir nessa direção. Mas se de repente perder a sua paz, você precisa recuar alguns passos e dizer: "Tudo bem, este não deve ser o caminho a seguir."

Não existe ninguém que possa ver o futuro e saber tudo o que devemos fazer. Você ouve Deus um passo de cada vez, um dia de cada vez. Ao dar um passo, uma das maneiras de provar que ouviu a voz de Deus é se perguntar: "Está dando certo?" Isso está trazendo paz para sua vida?

ENTRE NO DESCANSO DE DEUS

Você já disse a seus filhos: "Quero paz nesta casa. Parem de correr por aí e sentem-se"? Vou compartilhar um princípio com você. A Bíblia diz em

Capítulo 12

Efésios 2:6 que estamos sentados nos lugares celestiais com Cristo Jesus. Estamos sentados — Ele está sentado nos lugares celestiais e nós estamos sentados com Ele.

Eu estava lendo essa passagem um dia e de repente o Espírito Santo me fez parar e realmente chamou a minha atenção para o fato de estarmos sentados. E comecei a perceber que em muitos lugares na Bíblia onde vemos Jesus após a Ressurreição, Ele é retratado como estando sentado. Parece-me que seria mais poderoso se Ele estivesse de pé no céu.

Então, por que Ele estava sentado?

De acordo com a Lei do Antigo Testamento, quando o sacerdote entrava no Santo dos Santos para fazer sacrifícios pelos pecados do povo, para fazer expiação pelos pecados deles, ele não podia se sentar. Não havia cadeira no Santo dos Santos.

Ele tinha de permanecer em movimento. Ele tinha de continuar trabalhando. Ele tinha de continuar fazendo alguma coisa o tempo todo. Havia sinos na bainha das suas vestes e se aqueles sinos parassem de tocar, isso significava que ele havia feito algo errado ou havia caído morto. Dizem que havia uma corda presa ao corpo do sacerdote, porque caso ele morresse lá dentro ninguém podia entrar para buscá-lo. Teriam de puxá-lo para fora.

Portanto, é algo grandioso quando a Bíblia diz que Jesus ascendeu aos céus e sentou-se como o nosso sumo sacerdote. Ele se sentou. Isso dizia ao povo de Israel que Jesus entrou no descanso de Deus. Não houve descanso de Deus até que Jesus morreu por nós e ressuscitou dentre os mortos.

As pessoas não podiam entrar no descanso porque sempre tinham de lidar com a lei e os sacrifícios. Elas não podiam descansar.

Em Hebreus 4:3 nos é dito que aqueles que creram entram no descanso de Deus. Ainda há um descanso aguardando pelo povo de Deus. Há um descanso no qual podemos entrar. Mas em Hebreus 4:11 a Bíblia diz que temos de nos esforçar para entrar nesse descanso. Você precisa se esforçar para entrar nesse descanso. Gosto de pensar assim quando fico irritada: *Joyce, apenas sente-se. Volte ao seu lugar e sente-se. Pare de correr por aí tentando fazer algo acontecer. Pare de correr por aí tentando fazer alguém fazer o que você quer. Pare de tentar fazer aquele avião chegar. Pare de tentar fazer o seu ministério crescer. Pare de tentar fazer aquela pessoa ser o que você quer que ela seja. Pare de tentar fazer as coisas acontecerem, Joyce. Apenas sente-se e creia.*

O que precisamos fazer para agradar a Deus? A Bíblia diz em João 6:29: *"Esta é a obra que Deus requer de vocês: que vocês creiam naquele a quem ele enviou..."* (AMP).

Jesus quer que tenhamos paz; alegria e paz existem quando cremos. Por que você não entra no descanso de Deus hoje com relação a todos os problemas em sua vida? Seja o que for que tenha feito você perder a sua paz, por que você simplesmente não toma uma decisão agora mesmo: "Vou ter a minha paz de volta porque ela vale mais para mim até mesmo do que conseguir qualquer coisa que eu deseje"?

Ainda que você manipule e faça o possível para mexer os pauzinhos para ter o que quer, se você não tiver isso com paz, não vai valer nada para você.

Eu o encorajo a dizer isto: "Preciso ter paz. Vou me esforçar para ter paz. Vou buscar a paz. Vou ansiar pela paz e procurar pela paz. Vou fazer os ajustes que forem necessários em minha vida para ter paz. E quando o diabo armar ciladas para me irritar, vou me recusar a ficar irritado. Vou me agarrar à minha paz."

Capítulo 13

Humildade — Força sob Controle

O que é humildade?

O contrário de orgulho.

O que é orgulho?

Orgulho é algo que Deus odeia. O orgulho precede a destruição e impede a promoção em nossa vida. O orgulho é algo que o levará para baixo, e o levará depressa.

Há um relato no livro de I Samuel no qual Deus promoveu Saul e deu-lhe a honra de ser o primeiro rei de Israel. Entretanto, a promoção dada por Deus a Saul teve vida curta. Ele desceu praticamente tão rápido quanto subiu. Deus lembrou a Saul: "Embora pequeno aos seus próprios olhos, você não se tornou o líder das tribos de Israel?"[1]

É impressionante como alguém pode ter um coração terno e um espírito reto e Deus o promove. Então, de repente, ele se torna uma criatura diferente. Em sua mente, ele se torna uma pessoa que é melhor que todas as outras — o presidente do próprio fã clube. Ele começa a maltratar as pessoas, empinando o nariz e ficando impaciente com os que o cercam. Deus precisa tratar dessa pessoa.

O apóstolo Paulo disse em Gálatas 2:20: *"Já não sou eu quem vive, mas Cristo vive em mim."* É um sinal de verdadeira maturidade quando você pode dizer sinceramente *já não sou eu* porque o orgulho tem tudo a ver com o eu. Orgulho é: "Sou melhor do que você, sou mais inteligente do que você. Minha opinião importa, a sua, não. Tudo que eu faço é melhor. Vou cuidar disso porque sou mais inteligente, sou melhor."

Você sabia que os maiores problemas que temos são eu, eu mesmo e mim? Gastamos nosso tempo e nossa energia nos admirando, simplesmente estando cheios de nós mesmos, quando, na verdade, deveríamos estar cheios de Deus e vazios de nós mesmos — totalmente vazios. Em Lucas 18, há um exemplo muito bom de alguém que era cheio de orgulho e o tipo de atitude que ele desenvolveu em resultado do seu orgulho. O espírito de orgulho pode tomar conta de você sorrateiramente. Ele está sempre à espreita do outro lado da esquina esperando para capturá-lo. Uma das principais maneiras como o orgulho se manifesta é na impaciência. Deus me mostrou que a impaciência é o fruto do orgulho.

A impaciência é algo que acontece com todos. Você fica impaciente com alguém que está andando muito devagar na sua frente? Você fica impaciente com alguém que não entende na primeira vez que você explica alguma coisa?

O orgulho destruirá você. O melhor fator para determinar se o orgulho é um problema na sua vida é se você acha sinceramente que não tem nenhum orgulho. Se for esse o caso, trata-se de uma indicação clara de que você tem um problema com o orgulho. Agora não é hora de pensar em todas as pessoas orgulhosas que você conhece e que precisam ler isto. O orgulho tem a ver com a *nossa* maneira de pensar. Não apenas com a nossa maneira de agir. O orgulho começa na nossa vida mental particular, nos pensamentos julgadores que temos com relação aos outros. Tais como: "Você não precisa dirigir um carro como este." "Você não precisava gastar tanto naquela roupa." "Você não devia estar fazendo isto com o seu dinheiro."

Ficamos muito ocupados cuidando da vida de todo mundo. O mais triste é que a maioria de nós não faz um trabalho muito bom cuidando da própria vida, e muito menos tentando cuidar da vida de outra pessoa. Mas a tentação é se envolver nos assuntos dos outros. É triste o quanto queremos nos envolver com o que todo mundo está fazendo. Por quê? Certamente não sou responsável pelo que você faz.

Deus não vai me perguntar sobre você quando eu comparecer diante dele. Isso não é da minha conta. Posso orar por você, mas não preciso ser julgador e crítico com você. Esses comportamentos representam um veneno para a minha vida.

Em Lucas 18:9-14 Jesus conta uma parábola a algumas pessoas que confiavam em si mesmas — o que é uma manifestação de orgulho — e se sentiam confiantes por serem justas, retas e por estarem em posição correta com Deus. A passagem bíblica que narra essa história começa assim: *"Dois homens subiram ao templo para orar; um era fariseu e o outro, publicano."*

Como você deve lembrar, os fariseus eram reverenciados por serem religiosos enquanto os coletores de impostos (os publicanos) eram odiados. Os coletores de impostos eram considerados os piores entre os piores. *"O fariseu tomou o seu lugar de forma ostensiva, e começou a orar assim consigo mesmo..."* (AMP). Amo esse versículo. Ele não estava sequer falando com Deus. Descobri que houve momentos em minha vida em que eu orava publicamente e não estava falando com Deus, tanto quanto não estava falando com o homem na lua. A minha única preocupação era a maneira como eu aparecia diante das pessoas.

Passamos tempo demais preocupados com o que todos pensam.

"Deus, eu te agradeço porque não sou como os outros homens: ladrões, corruptos, adúlteros"; disse o fariseu, *"nem mesmo como este publicano".* Ele estava dizendo: "Obrigado, Deus, porque eu não sou como ele; obrigado porque eu sou tão santo."

Eu nunca faria essa oração, mas isso não quer dizer que eu nunca pensei assim. Estou convencida de que você provavelmente tem um amigo em sua vida que você acha que é menos espiritual do que você. Seria um amigo cristão que não pratica a espiritualidade como você. Você participa da oração de manhã cedo três vezes por semana e ele, não. O seu dízimo inclui até o dinheiro que ganhou de aniversário e você tem certeza de que o dele não.

Esses fariseus eram grandes dizimistas. Eles dizimavam cada folha de hortelã e cada pequeno grão de especiaria. Não deixavam de dizimar, mas eram podres no seu interior. Jesus se referiu a eles como um monte de túmulos caiados cheios de ossos de homens mortos.[2] Jesus tinha um problema com os fariseus porque eles davam um ótimo show de aparências, mas tinham o coração podre.

Não importa quantas horas você passa intercedendo em oração todas as semanas. Se você é cheio de julgamento com relação às pessoas, isso

157

Capítulo 13

é um problema. Não importa quantos demônios você repreende e quantas cadeias tenta quebrar, se você não está vivendo com o fruto do Espírito em sua vida, você não está onde Deus quer que você esteja.

A parábola continua: "'*Jejuo duas vezes por semana e dou o dízimo de tudo quanto ganho'. Mas o publicano ficou a distância. Ele nem ousava olhar para o céu, mas batendo no peito, dizia: 'Deus, tem misericórdia de mim, que sou pecador'.*"

Deus prefere tratar com um pecador que sabe que é pecador do que com um idiota religioso que é uma pessoa totalmente seca e azeda e não tem alegria — um pecador que passa a vida tentando se certificar de que ninguém mais tenha alegria também.

Esta é uma história triste. Minha filha Sandra sentiu fortemente que Deus queria que ela convidasse a todos do seu condomínio para uma recente conferência ministerial que fizemos em St. Louis. Ela insistiu: "Mãe, nunca senti tão forte a direção de Deus." Ela seguiu os protocolos de autoridades necessárias e foi até o administrador do condomínio para pedir permissão para colocar um pôster ao lado do portão e um folheto na caixa de correio de cada um, convidando os residentes para a conferência.

O síndico do local é cristão, e achou uma ótima ideia. Eles deram tanto apoio à ideia que ofereceram a Sandra uma lista de nomes e endereços de todos os moradores. Sandra escreveu uma carta muito simples convidando todos para a conferência.

Alguns dos residentes protestaram vigorosamente, contrataram advogados e ameaçaram entrar com um processo porque os administradores do condomínio distribuíram seus contatos. Essa experiência difícil ficou totalmente sob a responsabilidade de Sandra, porque ela não queria que o administrador perdesse o emprego. Todos nós começamos a orar e finalmente tudo acabou passando. A moral da história é que quando tudo terminou, descobriu-se que a confusão havia sido causada por duas pessoas que inflamaram as coisas, e que também eram assíduos frequentadores de uma igreja local.

Mais problemas são causados por pessoas hiper-religiosas do que por quaisquer outras, porque elas podem ser as pessoas mais julgadoras. O motivo de toda aquela situação difícil no caso de Sandra foi porque a conferência a que aquelas pessoas estavam sendo convidadas para assistir não era da religião *delas*, da igreja *delas*, de qualquer coisa *delas*. Elas julgaram

Humildade — Força sob Controle

algo a respeito do que nada sabiam. É isso que a religião pode fazer pelas pessoas. Religião sem um relacionamento pessoal com Jesus faz com que as pessoas julguem alguma coisa — qualquer coisa — sem conhecimento do que elas estão julgando. Quando você tem um espírito religioso sobre você, ninguém pode fazer as coisas de jeito algum a não ser do seu jeito. Tudo se baseia no legalismo. "Se você não fizer do meu jeito, não pode estar certo."

Nossa natureza julgadora prevalece sobre nossa atitude. Podemos não dizer uma palavra, mas temos a atitude. Lembre-se de que Jesus vive em nosso coração. Frequentemente Ele não está satisfeito com o lixo que armazenamos nele. É hora de nos tornarmos cristãos de verdade, de sermos pessoas de verdade. É hora de adorá-lo em espírito e em verdade e não sermos um monte de pessoas falsas. Deus não nos quer confiando em nós mesmos.

Às vezes, quando estamos confiando em nós mesmos, Deus tem de tratar conosco de uma maneira que pode parecer muito dura. Quando uma pessoa está tendo um problema com o orgulho, não há nada que a faça cair do pedestal mais depressa que uma boa dose de provações. Quando tudo está indo maravilhosamente e as bênçãos estão fluindo e as orações estão sendo atendidas — o dinheiro está entrando, as promoções estão vindo e estamos nos sentindo bem fisicamente — é aí que a nossa compaixão seca.

Lembro-me de uma vez que tive uma atitude rude com alguém que estava tomando todo tipo de remédios. Pensei: *Você não precisa de todo este lixo. Use a sua fé. Você está apenas viciado nesta coisa.* Alguns anos depois, fiquei doente, realmente doente, e não estava conseguindo superar aquilo. Estava disposta a tomar qualquer coisa que o médico me desse, até dois ou três vidros. Eu não parava de me lembrar de como eu havia julgado aquela pessoa que havia passado por circunstâncias semelhantes.

É muito fácil para nós saber o que faríamos até que nós tenhamos o mesmo problema.

"Bem, se eu fosse você, eu não faria essa cirurgia. Eu apenas confiaria em Deus."

Você não sabe o que faria se estivesse na mesma situação. Não apenas isso, Deus trata com cada um individualmente. No início do meu ministério, quando eu tinha todo aquele orgulho em mim porque eu era uma "pessoa de fé", eu tinha um problema nas costas. Eu era tão teimosa que

159

Capítulo 13

não queria nem mesmo tomar uma aspirina. Sofri por anos. Eu pedia a todos para imporem as mãos sobre mim e mesmo assim não era curada. Repreendia demônios e ainda assim não havia cura. Então Deus colocou em meu coração que eu procurasse um quiroprático. Eu disse a Deus: "Não vou. Tenho acreditado em Ti por todos esses anos para me curar, e vou ser curada. Não vou ao médico." Você já parou para pensar que às vezes até a fé pode ser uma questão de orgulho? Minhas costas estavam piorando progressivamente. Acordei uma manhã e não podia andar. Àquela altura, não tive escolha; eu tinha de fazer alguma coisa. Então fui ao quiroprático.

Essa é a mais pura verdade. Fui ao médico usando meu casaco com a gola virada para cima e meus óculos escuros em plena luz do dia. Lembro-me desse incidente porque muitas de minhas amigas eram pacientes daquele quiroprático. Foi assim que fiquei sabendo sobre ele. Eu não queria que minhas amigas soubessem que eu estava indo ao médico. Não queria que as pessoas me reconhecessem no consultório do quiroprático, então tentei me disfarçar de alguma maneira. Sinceramente, eu não percebia que estava tentando me disfarçar. Pensei que eu estava sendo uma pessoa de fé. Naquela época, a minha ideia do que era uma pessoa de fé, na verdade, era orgulho. Eu não fazia ideia. O orgulho espiritual é o pior que há. Há todo tipo de orgulho, mas o orgulho espiritual é aquele que Jesus não deixava passar. É claro que, como Deus não poderia deixar por menos, encontrei-me com uma senhora na sala de espera que frequentava as minhas reuniões semanais. Ela olhou para mim muito surpresa e disse: "O que *você* está fazendo aqui?"

Aqueles que pensam que são espiritualmente melhores que as outras pessoas terão o benefício de ter o próprio Deus "orquestrando" a sua humildade. Você sabe como ser humilde? Sendo humilhado.

Minha filha Sandra teve um problema nessa área por algum tempo. Ela não queria pedir a Deus para ajudá-la com o seu trabalho doméstico, como passar roupa, porque ela ia fazer isso sozinha. Ela estava sempre queimando alguma coisa, deixando alguma coisa cair ou quebrando o ferro. Ela ficava furiosa e frustrada e dava chiliques, mas ela não queria pedir a Deus para ajudá-la a passar roupa.

Sua teimosia afundou-a cada vez mais em um caos. Ela continuou a perder a calma, e as pessoas que a cercavam estavam ficando cansadas disso.

160

Humildade — Força sob Controle

Finalmente, quando ela estava passando roupa, ela se prostrou com o rosto em terra e disse: "Deus, Tu precisas me ajudar. Não consigo sequer passar essas roupas sem a Tua ajuda." Não pense nem por um minuto que Deus não quer nos levar a esse ponto de dependência dele. Às vezes pedimos a Deus que nos ajude com as coisas grandes que achamos que estão nos deixando assoberbados. Eis uma notícia em primeira mão para você: *tudo está deixando você assoberbado!*

De acordo com João 15:5, "... sem mim nada podeis fazer". Esse versículo pode ser ilustrado com algumas experiências interessantes que tive. Em uma ocasião, eu estava tentando arrumar meu cabelo e um cacho simplesmente não queria enrolar. O restante do meu cabelo estava bem cacheado — meu aparelho de cachear estava vermelho de tão quente. Eu colocava o aparelho naquela mecha e o virava ao contrário, tirava o aparelho e aquela mecha ficava reta. Eu não sabia nada sobre confiar em Deus e depender de Deus para tudo. Eu era uma mulher autossuficiente, independente e *forte*. Havia passado a maior parte da minha vida achando que não precisava de ninguém porque havia sofrido abuso e tinha medo de confiar nas pessoas. Eu não queria precisar de ninguém, então esta era a minha atitude: "Quem precisa de você? Estou muito bem sozinha."

Eu sabia que precisava de Deus, mas não percebia que precisava de Deus desesperadamente. Comecei a ter uma leve sensação em meu coração de que Deus queria que eu orasse e lhe pedisse para me ajudar com meu cabelo. Meu primeiro pensamento foi: *Isto é besteira. Não vou me sentar aqui e pedir a Deus para me ajudar a pentear o cabelo. Sou uma mulher adulta, e penteio meu cabelo há muito tempo. Não preciso pedir a alguém para me ajudar a pentear meu cabelo. Vou tentar de novo e colocar laquê nele porque às vezes isso funciona.* Mas não funcionou daquela vez!

Finalmente, cedi. "Tudo bem, Espírito Santo", eu disse, "Tu poderias me ajudar a arrumar meu cabelo?" Usei o mesmo aparelho de cachear e enrolei a mesma mecha de cabelo. Entretanto, dessa vez, quando retirei o aparelho, ele tinha um belo cacho. Aprendi uma lição valiosa com essa experiência. Se não fizermos as coisas do jeito de Deus, não vamos fazer de jeito algum.

Eu o encorajo a depender de Deus e a pedir a Ele para ajudá-lo com todo tipo de coisas, tanto pequenas coisas quanto grandes coisas.

161

Capítulo 13

Quando mostramos a nossa dependência de Deus pedindo ajuda, estamos honrando-o.

Às vezes as pessoas pressionam os líderes. Acham que está tudo bem se elas mesmas tiverem problemas, mas que as pessoas que estão na liderança devem viver em outro nível em que nada as toque. Isso simplesmente não é a realidade. Eu estava em um supermercado há não muito tempo, e uma senhora me reconheceu. Ela pareceu surpresa e disse: "Bem, eu jamais esperaria encontrá-la *aqui!* O que você está fazendo *aqui?*"

> Peça a Deus para ajudá-lo com todo tipo de coisas — pequenas e grandes.

"Bem, nós comemos", respondi. Que revelação. Aprendi que, aconteça o que acontecer, não posso viver uma vida falsa tentando atender às expectativas de todo mundo. Tenho um corpo assim como você. Às vezes adoeço. Quando estou doente, oro por cura. Tudo que posso fazer é me levantar e fazer o meu melhor todos os dias.

Certamente é bom respeitar seus líderes espirituais, mas não os coloque em um pedestal nem comece a pensar que eles são mais que humanos. Os líderes devem manter um nível de maturidade espiritual que os capacite a ser respeitados e estar acima de qualquer acusação, mas eles certamente não são infalíveis. Os pregadores são pessoas; comemos como todo mundo, dormimos, fazemos compras, temos dias em que nos sentimos rabugentos ou dias em que não nos sentimos bem fisicamente. Precisamos de oração, e muita.

Às vezes a oração permite que você seja curado imediatamente. Outras vezes você tem de deixar o problema de lado. Não entendo isso, mas entendo no fundo do meu espírito que se eu recebesse cada coisa que pedisse, e se todas as vezes que orasse eu tivesse vitória, eu teria um grande problema com o orgulho. Nenhum de nós está equipado para ter vitória o tempo todo sem começar a julgar os outros. Essa é simplesmente a natureza humana. I Coríntios 10:12 diz: *"Assim, aquele que julga estar firme, cuide-se para que não caia!"*

162

Às vezes não entendemos por que falhamos, mas é simplesmente para nos manter no nosso lugar. Dave e eu aprendemos algo ao longo dos anos. Se não conseguirmos as coisas da maneira que queremos, aprendemos a dizer: "Provavelmente precisamos aprender algo com isso", em vez de dizermos, "Bem, não preciso disso". É engraçado que as pessoas dizem exatamente o contrário do que deviam dizer.

Confio em Deus a ponto de que, se eu não preciso de algo em minha vida, então Ele garantirá que eu não o tenha. Mas se eu preciso, então Deus se certificará de que eu o tenha. Obviamente há vezes em que Satanás ataca. Isso não tem nada a ver com algo que eu preciso. É apenas um ataque demoníaco.

Quando você está andando com o Senhor há algum tempo, consegue perceber a diferença. Posso dizer quando estou sob ataque. Nesses momentos, preciso resistir a Satanás com determinação e permanecer firme. Eu costumava fazer isso o tempo todo — com tudo — e nem tudo era do diabo. Algumas coisas eram testes de Deus pelos quais eu precisava passar. Eram coisas pelas quais eu precisava passar porque era uma mulher grosseira e de coração duro. Eu tinha muito a aprender. Não tinha compaixão e Deus havia me chamado para ministrar. Você não pode ser um ministro muito bom sem compaixão.

A compaixão não surge por osmose. Ela vem quando passamos pelas situações. Uma das maneiras de deixarmos de julgar a todos é passarmos por uma boa dose de problemas. É impressionante o quanto podemos nos tornar ternos, gentis e compreensivos quando passamos pela dor. Podemos sentir empatia. Simplesmente ouvir os outros traz de volta a lembrança da nossa dor.

Talvez seja hora de desenvolver alguma sensibilidade com relação ao que as outras pessoas estão passando. O orgulho apaga a nossa sensibilidade. O orgulho permite que demos respostas banais a problemas reais.

"Bati com o carro e o destruí."

"Bem, glória a Deus mesmo assim."

Quando meu tio morreu, foi devastador para minha tia. Ela se casou com meu tio quando tinha quinze anos. Eles nunca tiveram filhos, e ao longo dos anos se tornaram muito próximos. Alguns de meus funcionários foram ao enterro, e um dos mais carismáticos deles, ao tentar consolar

Capítulo 13

minha tia, disse: "Bem, glória a Deus." Minha tia ficou muito ofendida. Em primeiro lugar, a sua fé não estava sequer na categoria do "glória a Deus". Digo isso não como um insulto. Apenas não é a maneira que a igreja dela reagiria. Essa não é uma expressão que eles usariam em uma conversa casual e principalmente também não para consolar alguém que estivesse sofrendo.

Temos de ser sensíveis às pessoas. Às vezes não sabemos o que fazer pelas pessoas que estão sofrendo. Você pergunta: "O que posso fazer?" Talvez a melhor coisa que você pode fazer é simplesmente chorar com elas. Apenas abrace-as e chore com elas. Ou apenas esteja ali. Elas sabem que você não pode consertar as coisas. Mas elas querem acreditar que você tem um pouco de compaixão e um pouco de compreensão pelo que elas estão passando.

Há momentos em que o diabo se envolve em uma situação na qual ele adquiriu muita autoridade e é capaz de fazer coisas trágicas acontecerem. É por isso que devemos sempre resistir ao diabo desde o início. Se dermos a ele uma base de apoio, ele fará ali uma fortaleza.

Há momentos também em que acontecem coisas e não sabemos o motivo. Você e eu estamos metendo os pés pelas mãos no território errado quando começamos a tentar entender tudo e a rotular todas as situações. Nenhum de nós aprecia o fato de as pessoas tomarem decisões sobre por que temos problemas, e não devemos fazer isso com os outros.

Você não quer que as pessoas comecem a dizer: "Bem, talvez você não tenha tido fé suficiente." Ou: "Deve haver algum pecado em sua vida." Qualquer uma dessas hipóteses poderia ser uma porta aberta, mas não cabe a nós tomar decisões sobre isso. Deus é o Juiz, não nós. As pessoas comparecerão diante de Deus e prestarão contas de sua vida — elas não vão comparecer diante de nós. Deus é o Senhor que vem receber a prestação de contas dos seus mordomos.

Sou uma pregadora da fé. Em outras palavras, creio definitivamente na fé. A Bíblia diz que sem fé é impossível agradar a Deus.[3] Mas não creio no orgulho. Acho que podemos ficar muito orgulhosos por causa da nossa fé, o que se manifesta ao julgarmos as outras pessoas e o motivo pelo qual elas têm problemas. Então, quando pensamos que temos tudo sob controle, Deus nos mostra que não fazemos a menor ideia de nada.

Em 2 Coríntios 1:8, Paulo escreveu: *"Irmãos, não queremos que vocês desconheçam as tribulações que sofremos na província da Ásia, as quais foram muito além da nossa capacidade de suportar, ao ponto de perdermos a esperança da própria vida."* Ele continua dizendo no versículo 9: *"De fato, já tínhamos sobre nós a sentença de morte, para que não confiássemos em nós mesmos, mas em Deus, que ressuscita os mortos."*

Existem inúmeras razões pelas quais as pessoas passam por provações. Às vezes é ataque demoníaco; outras vezes, a causa é a desobediência. Pode ser ainda um teste para ampliar a sua fé. Não se pode colocar tudo dentro de uma caixa. Esse é um erro que muitos cristãos cometem. Eles tentam colocar tudo em uma caixa com uma resposta universal. Não se pode fazer isso. Deus é infinito demais para isso. Seus planos e a nossa vida são infinitos demais. Ele sabe do que precisamos.

Certa vez, quando estava doente, eu disse: "O que está acontecendo? Sei que isto não vem de Deus; por que isto está acontecendo?" Deus falou comigo e disse: "Esta enfermidade não é para morte. É para vida."

Eu soube então instintivamente o que Deus queria dizer. Ele não teve de pregar um sermão para mim. Aquela experiência iria me permitir ser uma ministra melhor. Acabei saindo daquela enfermidade com compaixão, e agora amo orar pelos enfermos porque sei o que é estar doente.

Quando você nunca passou por nada em sua vida que o fez cair de joelhos, então algumas vezes você é incapaz de sentir o que as outras pessoas estão passando. Quando não podemos nos identificar com a experiência delas, é muito fácil julgar.

Paulo continua, e ele diz essencialmente: "Estávamos passando por todo tipo de coisas e foi muito difícil; nos sentíamos como se nem mesmo quiséssemos viver." Ele disse: "Aquilo tudo foi apenas para nos impedir de confiar em nós mesmos."[4]

Deus não pode usá-lo se você confia em si mesmo. Fiz isso por muito tempo, e sei que Deus me permite passar por coisas apenas para me manter em um lugar em que Ele possa me usar continuamente. A qualquer momento em que eu comece a ficar cheia de mim mesma, Deus sabe como esvaziar a minha bola. Fico feliz por Ele fazer isso. Fico feliz porque, se Ele não o fizesse, eu já teria caído à beira do caminho.

Provérbios 16:18 diz: *"O orgulho vem antes da destruição."* Provérbios 15:33 diz: *"O temor do Senhor ensina a sabedoria, e a humildade antecede a honra."* O orgulho

Capítulo 13

é ótimo em se esconder. Ele fica à espreita em cada esquina, tentando nos capturar. Precisamos tomar muito cuidado com nossos pensamentos. Você não quer olhar para uma amiga que não vê há algum tempo e dizer: "Não acredito que você engordou tanto. Você realmente ganhou muito peso desde a última vez que a vi. O que você tem feito, pelo amor de Deus?"

> **A humildade precede a honra.**

Não seria melhor se orássemos? "Deus, parece que minha amiga ganhou muito peso desde a última vez que a vi, e estou certa de que ela não está feliz com isso. Eu Te peço, Deus, que Tu a ajudes a perder esse peso. Ajuda-a a manter o seu apetite sob controle. Se ela está com algum tipo de problema físico, Deus eu..." Por que não oramos pelas pessoas em vez de as julgarmos? Vamos começar a transformar cada um desses pensamentos julgadores em uma oração. Provérbios 6:16-19 diz: "Há seis coisas que o Senhor odeia, sete coisas que ele detesta. As sete coisas são:

1. *Olhos altivos.*
2. *Língua mentirosa.*
3. *Mãos que derramam sangue inocente.*
4. *Coração que traça planos perversos.*
5. *Pés que se apressam para fazer o mal.*
6. *A testemunha falsa que espalha mentiras.*
7. *Aquele que provoca discórdia entre irmãos.*

Contender e semear discórdia são abominações. Não creio que o número 7 possa acontecer se não tivermos problemas com o número 1. Não creio que possamos semear discórdia a não ser que tenhamos um problema de orgulho. A discórdia e a contenda vêm do julgamento e da crítica, que vêm do orgulho. Começamos a julgar as pessoas, achando que sabemos mais que elas; então passamos a semear a discórdia. O mundo está cheio disso, mas a Igreja não deveria estar. Se você não quer que alguém fale mal de você, então deve semear uma boa semente.

Humildade — Força sob Controle

Preciso disciplinar a minha boca assim como você. Diariamente, existem situações em que quero ir direto ao ponto. Às vezes preciso dizer em voz alta: "Joyce Meyer, cuide da sua vida. Isso não é da sua conta." Uma abominação é algo nojento, detestável; algo perigoso, sinistro e repulsivo.

A *humildade* é definida como "... libertação do orgulho e da arrogância... uma avaliação modesta do seu próprio valor".[5] Em Teologia, significa submissão de mente ou ter consciência dos próprios defeitos. Um dos motivos pelos quais julgamos as outras pessoas é porque não temos realmente uma consciência de tudo que há de errado conosco. Portanto, estamos sempre procurando tudo que há de errado com todo mundo.

"Você fala demais."

"Você gasta dinheiro demais."

"Você é isso e aquilo."

No entanto, não vemos nada do que *nós* fazemos.

Não importa se Dave faz uma coisa errada e eu faço outra coisa errada. Errado é errado. De que adianta julgá-lo pela fraqueza que ele tem quando eu mesma tenho uma fraqueza?

Satanás quer que olhemos para todos os demais. Francamente, não posso fazer nada a respeito das fraquezas de Dave. Posso orar por ele, mas não posso transformá-lo. Eu sou a única a quem posso transformar. Posso fazer alguma coisa por mim se eu cooperar com Deus, mas Satanás não quer que vejamos o que está errado conosco. Ele está constantemente mantendo diante de nós tudo que há de errado com todo mundo, esperando que nunca tratemos de nós mesmos.

Você não precisa ficar sentado tendo uma atitude negativa acerca de si mesmo — mas não superestime a si mesmo também! O ponto principal é que você precisa tirar a si mesmo da sua mente. Preciso me tirar da minha mente. Não preciso ficar pensando: *Sou inútil, não presto, sou uma pessoa terrível.* E também não preciso ficar pensando: *Sou mais inteligente que você, sou mais bonita que você,* e daí por diante.

É impressionante o tipo de perguntas que fazemos às pessoas. Se formos honestos com nós mesmos, as perguntas que fazemos são apenas para comparação. Fazemos perguntas porque queremos sempre ter certeza de que estamos na frente de todo mundo. Perguntas do tipo: "Como foram as notas que seus filhos tiraram no boletim?" Se as notas dos filhos

167

Capítulo 13

dos outros forem mais baixas que as dos nossos filhos, ficamos cheios de soberba. A Bíblia diz que orgulho é ensoberbecer-se.[6] Se você prestar atenção, poderá sentir a soberba crescendo.

"Ah, que pena!"

Você não acha realmente que seja uma pena. Você está satisfeito porque agora seu filho é mais inteligente e melhor. Entretanto, se os filhos deles tirarem notas melhores que o seu, isso é outra coisa.

"Ah, eu não sou tão boa quanto você, então agora devo me sentir mal."

Provérbios 3:13 diz: "*Como é feliz o homem que acha a sabedoria, o homem que obtém entendimento.*"

Gálatas 5:26 na Nova Tradução na Linguagem de Hoje diz: "*Nós não devemos ser orgulhosos, nem provocar ninguém, nem ter inveja uns dos outros.*" E Gálatas 6:4,5, na mesma tradução, diz: "*Que cada pessoa examine o seu próprio modo de agir! Se ele for bom, então a pessoa pode se orgulhar do que fez, sem precisar comparar o seu modo de agir com o dos outros. Porque cada pessoa deve carregar a sua própria carga.*"

Pare de se comparar, pare de competir e apenas seja você mesmo. Seja o melhor que puder ser e desfrute os dons que Deus colocou nos outros. A humildade é livre para desfrutar o sucesso das outras pessoas!

A comparação só pode fazer uma destas duas coisas: ela só pode fazer você se sentir superior ou inferior. Não precisamos nos sentir de nenhuma das duas maneiras. Apenas precisamos estar em Cristo. Precisamos aprender a sermos um "tudo-nada". *Tudo* nele e *nada* em nós mesmos. *Tudo* em Cristo e *nada* em nós.

Creio que podemos todas as coisas em Cristo,[7] e que podemos fazer todas as coisas que Ele quer que façamos. E creio que sem Ele nada podemos fazer.[8] De vez em quando, Deus precisa nos lembrar de que não somos nada porque se tivermos muitas vitórias seguidas, começamos a ficar com uma atitude arrogante. É por isso que o apóstolo Paulo disse em Filipenses 4:12: "Sei o que é passar necessidade e sei o que é ter fartura. Aprendi o segredo de viver contente em toda e qualquer situação, seja bem alimentado, seja com fome, tendo muito, ou passando necessidade."

Creio que Paulo aprendeu que precisava de um pouco das duas coisas. Precisamos que o calor do vento sul e o frio do vento norte soprem em nossa vida. Se você tiver tudo que é bom e nunca passar por uma provação ou um desafio; se toda oração for atendida, e todos os dias você se sentir maravilhoso; se todos os dias as coisas derem certo para você, você não poderá fazer nada a não ser ficar orgulhoso e cheio de si. É impossível desviar-se do orgulho a não ser que passemos por provações porque elas são o que nos traz de volta ao equilíbrio.

Durante anos, eu não entendi esse conceito, mas sou grata a Deus por ter me ensinado porque ele me libertou para estar contente nos tempos bons e nos tempos difíceis.

Queremos amar os que não são amáveis até que alguém que não é amável cruze o nosso caminho. É ótimo pregar para as pessoas sobre perdoar nossos inimigos até que um inimigo aparece e temos de perdoá-lo. Como é fácil dizer às pessoas: "Não sejam muito sensíveis. Parem de ser tão sensíveis", até que alguém nos diga algo de que não gostamos.

A Bíblia diz em Romanos 2:1 que nós praticamos as mesmas coisas pelas quais julgamos as outras pessoas.

Não vemos isso porque olhamos para todos os demais através de uma lente de aumento, mas olhamos para nós mesmos através de lentes cor de rosa. Para eles não há desculpas, mas nós sempre temos uma desculpa. "Não há desculpa para você agir assim, mas ouça a minha desculpa."

Pedro tinha um problema com o orgulho. Em Mateus 16:22, ele repreendeu Jesus. Se você repreende Jesus, você tem um problema com o orgulho. Ponto final. Isso não precisa de explicação. Pedro tinha um problema com o orgulho. Ele era cheio de si mesmo. Ele achou que tinha uma ideia melhor que Jesus.

— Ah, não, Jesus, o Senhor não deve ir a Jerusalém. Não, essa não é a coisa certa a ser feita, Jesus.

Jesus havia dito apenas:

— Vou para Jerusalém.

Pedro se repete:

— Oh, não, não, isso não está certo.

Jesus disse:

— Para trás de mim, Satanás. Você está no meu caminho e é uma ofensa tentar me impedir de fazer a vontade de Deus.

Mais tarde, Jesus disse a Pedro: "Satanás virá e tentará peneirar você, mas eu orei por você, Pedro, para que a sua fé não desfaleça e para que

Capítulo 13

depois de ter passado por esta prova você volte, para que a sua fé seja fortalecida e você possa fortalecer os seus irmãos."[9]

Jesus estava dizendo a Pedro: "Você vai passar por alguma coisa, mas isso na verdade vai cooperar para o bem porque vai fortalecer a sua fé, e depois, por causa do que você vai passar, você vai poder ajudar outras pessoas. Eu o chamei para ministrar, mas há um pequeno defeito aqui que precisa ser resolvido."

Pedro não acreditou nisso. Ele não disse: "Ah, obrigado, Jesus. Por favor, ore por mim." Ele disse: "Ah, eu jamais te negaria. Não eu, não eu, não eu." Quando Jesus disse: "Um de vocês me negará", Pedro se levantou e disse: "Bem, quem é? Certamente não sou eu. Eu jamais faria isso." Não é impressionante quantas coisas pensamos que jamais faríamos e acabamos fazendo? Você já passou por essa experiência? "Eu jamais faria isso." É interessante, a meu ver, que Pedro tivesse sido o único dos discípulos que foi reconhecido. Havia uma porção deles ali, mas o holofote brilhou sobre Pedro. Todos reconheceram Pedro depois que Jesus foi capturado.

"Você é um deles", ou "Você é discípulo dele. Você estava com ele."

"Não, não sou. Não conheço o homem. Não, eu não estava com ele." E então Pedro começou a praguejar para provar que ele não conhecia Jesus.[10] Por que você acha que Deus preparou as coisas para que Pedro fosse reconhecido? Porque Pedro precisava ser humilhado. Deus tinha um plano para a vida de Pedro.

Pedro amava Jesus, mas ele ainda estava cheio de si mesmo. Ele discutiu com Jesus nessas ocasiões. Não creio que ele o fizesse por malícia, mas isso sempre acontece quando alguém tem um espírito de orgulho. Essa pessoa simplesmente pensa que sabe mais que os outros e sempre discutirá para provar que está certa.

Jesus sabia que Pedro era um material utilizável, mas ele precisava de alguns reparos. Poderíamos dizer que Pedro era um diamante bruto. Ele precisava ser polido, ele precisava de algum tempo na roda do Oleiro — mas ele não via isso. Ele estava cego para os próprios erros assim como nós geralmente estamos. Jesus teve de ensinar a ele uma lição, e assim Ele fez. Pedro acabou muito humilde, muito arrependido e muito submisso depois da sua experiência de humilhação.

170

Humildade — Força sob Controle

Deus tem um plano para a sua vida. Talvez você não goste de algumas das coisas pelas quais está passando neste instante. Talvez você não tenha conseguido a promoção que achou que merecia. Talvez você esteja tendo problemas com um relacionamento. Talvez as portas que você orou para que se abrissem não estejam se abrindo. Confie em Deus — Ele sabe do que você precisa.

Creio que precisamos de um grande aumento no nosso nível de temor reverente e assombro diante de Deus. Isso nos ajuda a desenvolver a humildade. Passamos a ter medo de julgar os outros com dureza porque sabemos que Deus nos ensina na Sua Palavra a não fazermos isso. O temor reverente e o assombro são o princípio da sabedoria; eles nos ajudam a nos humilhar sob a potente mão de Deus e pararmos de tentar fazer as coisas por nós mesmos, do nosso jeito, no nosso tempo. Deus promove os humildes, mas resiste aos soberbos.[11]

> Confie em Deus — Ele sabe do que você precisa.

As pessoas não podem comandar um negócio nem ocupar uma posição-chave de liderança se não forem maduras. Incomoda-me quando vejo alguém que aparece como um meteoro e da noite para o dia fica mundialmente famoso. Sei que isso não vai durar. Essa pessoa não tem o caráter para manter aquele *status*. Você pode ter um dom que pode levá-lo a algum lugar, mas sem o caráter para mantê-lo ali, você fatalmente cairá.

A Bíblia diz: *"Humilhem-se debaixo da poderosa mão de Deus."*[12] Será muito melhor se você mesmo fizer isso, porque se não fizer, Deus será obrigado a fazê-lo por você. E é muito menos doloroso quando nós tomamos a iniciativa.

Capítulo 14

Alegria — Você Pode Lidar com Qualquer Coisa Quando a Tem

O fruto da alegria! Que fruto tremendo. Não importa que problemas você tenha, se você tem alegria, ela supera todos eles. Assim como Jesus nos oferece a própria paz que excede todo entendimento, Ele nos oferece uma alegria a respeito da qual as pessoas do mundo nada sabem. Podemos ter alegria quando as circunstâncias da vida dizem que não devíamos ter alegria. A alegria de Jesus não tem nada a ver com as circunstâncias.

Temos uma escolha. Podemos aprender a liberá-la ou a suprimi-la. Creio que se liberarmos a alegria de Deus, ela também libera uma unção que traz refrigério à nossa vida. O versículo bíblico que tenho usado como fundamento, Mateus 12:33, diz que nós os conheceremos pelos seus frutos.

É muito importante desenvolvermos e andarmos nos frutos do Espírito: amor, alegria, paz, paciência, bondade, benignidade, humildade, fidelidade e domínio próprio.

O que é alegria e em que ela se baseia? A definição de *Alegria* é um grito,[1] uma proclamação que pode se manifestar em canto. *Alegria* é definida como um triunfo,[2] como um prazer calmo e alegre.[3]

Capítulo 14

Quando pensamos em alegria, podemos achar que temos de ser uma daquelas pessoas esfuziantes, que brincam o tempo todo, e talvez você não seja assim. Eu também não sou assim. Aprendi ao longo dos últimos anos a ter mais alegria. Eu não sabia muito sobre a alegria por causa da maneira como cresci. Descobri como me libertar, como ser um pouco mais leve, como me tornar menos séria o tempo todo, e como me divertir. Talvez você precise aprender o mesmo. Quando você é uma pessoa séria e profunda demais, pode facilmente se esquecer desse aspecto da alegria e de como desfrutar a vida.

Embora eu tenha aprendido muito sobre a alegria, provavelmente nunca serei uma pessoa do tipo esfuziante e brincalhona. Mas aprendi a viver em meio a um calmo prazer. Gosto dessa parte da definição mais do que todas.

Nossa alegria não deve se basear nas nossas circunstâncias. A felicidade pode se basear no que está acontecendo, mas não a alegria. A alegria, um fruto do Espírito, é como um poço profundo dentro de nós. Ela não é fruto das nossas circunstâncias.

Enquanto eu escrevia este livro, algo aconteceu que não havia acontecido antes. Eu já tinha cerca de trinta ou quarenta por cento dele em meu computador, e ainda não o havia salvado. Há muito tempo, quando meu gerente de informática montou este computador, ele me disse: "Você realmente deve salvar tudo com frequência porque nunca se sabe quando pode ocorrer um defeito."

Eu nunca havia passado por isso antes, e de repente meu trabalho desapareceu. Em apenas um piscar de olhos ele sumiu. Pensei que o trabalho estaria em algum lugar no computador. Abri todas as pastas que podia abrir e ainda assim o meu documento não aparecia. Finalmente entrei em contato com uma das mulheres que trabalham em meu escritório. Era um fim de semana, então telefonei para sua casa e perguntei: "Como posso recuperar meu trabalho?"

Ela disse: "Se você não o salvou, não conseguirá recuperá-lo." E continuou: "O computador não sabe que ele estava ali se você não o salvou."

A minha mensagem sobre alegria desapareceu, mas a minha alegria permaneceu.

Situações como essa não são acidentes. Não é diferente da vez em que um manobrista perdeu as chaves do meu carro. Foi um teste para ver se eu podia manter a minha alegria. Sentei-me e ri em voz alta. Você pode ter alegria em qualquer situação. Tudo que é necessário é uma decisão da sua parte de permanecer na alegria. Nunca mais se afaste da sua alegria, nem mais uma vez.

Uma de minhas citações favoritas de Alfred d'Sousa foi quando ele disse: "Por muito tempo me pareceu que a vida estava sempre para começar, a vida real, mas havia sempre algum obstáculo no caminho, algo a ser atravessado primeiro. Negócios inacabados, trabalhar um pouco mais, uma dívida para ser paga, e então a vida começará. Por fim caí em mim quanto ao fato de que esses obstáculos eram a minha vida." Essa perspectiva me ajudou a ver que não existe um caminho para a felicidade, a felicidade é o caminho. Portanto, valorize cada momento que você tem, e valorize-o mais porque você o compartilhou com alguém especial, especial o bastante para passar o seu tempo com ele, e lembre-se de que o tempo não espera por ninguém. Portanto, pare de esperar até terminar os estudos, até voltar para a escola, até perder dez quilos, até ganhar dez quilos, até ter filhos, até os filhos saírem de casa, até começar a trabalhar, até se aposentar, até se casar, até sexta-feira à noite, até domingo de manhã, até comprar um carro novo, uma casa nova, até que o seu carro ou a sua casa estejam pagos, até a primavera, até o verão, até o outono, até o inverno, até você sair do auxílio-desemprego, até o dia primeiro ou até o dia quinze do mês. Decida que não há hora melhor para ser feliz do que agora.

Servimos ao Deus do agora. Ele não é o Deus do amanhã ou do ontem. Ele disse: "Eu Sou."[4] Em Hebreus 11:1, a Bíblia diz: "*Ora, a fé é.*" Se eu tenho fé acerca do que quer que possa acontecer amanhã, então agora mesmo posso ter alegria porque fé é crer em Deus.

Romanos 15:13 diz que a alegria e a paz encontram-se em crer. Não posso ter alegria sem crer. Quando você perder a sua alegria, examine-se e verifique: você está crendo? É realmente simples assim. Algumas coisas que encaramos como problemas terríveis não são tão ruins quanto pensamos. Nós é que andamos por aí solucionando-as da maneira errada.

Encontramos alegria e paz quando cremos.

Capítulo 14

Hoje posso crer que todos os meus "ontens" estão cobertos. Você tem alguma ideia do quanto é tremendo crer? Se cometi um erro, posso entrar em um relacionamento com Jesus, comparecer diante dele, crer que Ele cuidará do meu passado e me dará um grande futuro.

Portanto, se eu creio que o meu "hoje" está sendo cuidado, posso desfrutar do "agora"! Mas se eu me preocupar com o hoje ou com o amanhã, então perco o agora. Se Jesus é a nossa alegria, então podemos ter alegria em meio ao caos. Você pode ter alegria a caminho do supermercado ou passando o aspirador no chão. Em vez de resmungar e ficar carrancudo, tente cantar. A Bíblia diz: "... *deixem-se encher pelo Espírito, falando entre si com salmos, hinos e cânticos espirituais, cantando e louvando de coração ao Senhor*."[5] É impressionante como a alegria começa a borbulhar do seu espírito quando você começa a fazer melodias em seu coração para o Senhor.

Você já percebeu que se acidentalmente tirar a mente do seu problema por alguns minutos você descobre que está cantando ou balbuciando uma canção? Podemos sufocar isso pensando no nosso problema de novo. "Eu não deveria estar cantando; tenho um problema." Uma atmosfera positiva, alegre, cheia de encorajamento tira a sua mente do problema, e você acredita que pode vencer o mundo. "*Com o teu auxílio posso atacar uma tropa; com o meu Deus posso transpor muralhas*."[6]

Como podemos viver uma vida positiva em meio a um mundo negativo? Ouvimos notícias negativas hoje. Podemos orar e saber que Deus cuidará de nós. Nesse meio tempo, decidi que vou desfrutar minha vida agora mesmo.

Se Jesus tardar em voltar, pretendo estar pregando aos noventa e cinco anos. Você receberá um folheto na sua caixa de correio dizendo: "Vovó Meyer está vindo à sua cidade."

Fico olhando para a marca dos sessenta e penso: *Dentro de alguns anos terei sessenta anos*. Isso soa diferente de quarenta ou cinquenta, mas tenho alegria nisso. Quando alcancei a marca dos cinquenta, eu soube que estava do outro lado. Você começa a pensar de modo diferente. Isso me tornou determinada a ter paz e alegria. *Vou desfrutar minha vida*.

Você nunca desfrutará a sua vida a menos que se decida a fazer isso. Deus nos deu o livre arbítrio. Ele disse: "*Coloquei diante de vocês a vida e a*

Alegria — Você Pode Lidar com Qualquer Coisa Quando a Tem

morte... escolham a vida."[7] É como uma prova de múltipla escolha que envolve o mínimo de esforço:

I) Coloco diante de vocês:
a. Vida
b. Morte

Chave de Resposta: A) Escolha a vida.

Deveríamos entender isso. Nós dividimos a nossa vida em muitos pedaços. Queremos acabar "isso" para podermos desfrutar "aquilo". Nós nos apressamos para terminar o trabalho doméstico para podermos assistir a um filme e nos divertir. Mas você pode apreciar o trabalho doméstico também.

Jesus disse: "Eu vim para que tenham vida e desfrutem a sua vida."[8] Todas essas coisas fazem parte da vida. Ele deseja que você aprecie toda a sua vida. Ele coloca alegria em nós para garantir que tenhamos alegria em todas as coisas, até nos momentos em que as circunstâncias são difíceis.

Uma das coisas que você pode fazer para dar a partida na sua alegria é ouvir o tipo certo de música. Por pior que você se sinta pela manhã, se você ouvir o tipo certo de música, isso pode ajudá-lo. É muito melhor que ligar para um amigo e reclamar.

Outra maneira de dar a partida na sua alegria é ser bom para alguém. Isso tira a sua mente de você mesmo. A alegria não pode ser liberada se a nossa mente permanecer em nós mesmos.

> Você pode dar a partida na sua alegria.

A alegria funciona e floresce em um estilo de vida voltado para dar. Dar preferência aos outros gerou uma transformação importante em minha vida.

Como mencionei anteriormente, eu era uma mulher muito egocêntrica. Embora eu tivesse o fruto da alegria dentro de mim, essa alegria não

Capítulo 14

era liberada porque o egoísmo em minha alma pesava grandemente sobre ela. Passamos tempo demais tendo pensamentos desagradáveis.

Não gosto de viajar de avião, mas aprendi há muito tempo que se eu ficar presa ao que não gosto, isso irá arruinar tudo. Então, optei por não pensar nisso. Aprendi a lidar com as coisas uma de cada vez. Deus me dá a graça que preciso quando eu me recuso a ter uma atitude negativa e crítica quando estou a caminho de conseguir algo.

Você pode dar a partida na sua alegria tomando a decisão de amar a sua vida. Detestar as coisas tira toda a alegria de você. Deus nos diz para não detestarmos nada, inclusive os nossos inimigos.[9] As pessoas detestam ir se deitar, detestam ter de levantar de manhã, detestam se vestir e dirigir para o trabalho.

Satanás tentará usar esse espírito para roubar de nós. "Detesto usar o aspirador de pó; detesto lavar louça; detesto lavar roupa." Tome a decisão de amar a sua vida — todos os aspectos da sua vida.

ESTABILIDADE NA DIFICULDADE

Os três primeiros anos de nosso casamento foram difíceis. Embora eu fosse difícil, tivesse chiliques e não quisesse falar com Dave por dias seguidos, ele nunca me deixou roubar a sua alegria. Isso me deixava furiosa. As pessoas infelizes trabalham duro para deixar os outros infelizes. Creio que o fato de Dave não me deixar roubar a sua alegria é um dos motivos pelo qual ensino sobre a alegria hoje.

Se Dave tivesse entrado no poço comigo, então nenhum de nós poderia ter saído dele. Não permita que as pessoas o puxem para dentro do poço junto com elas. Você deve amá-las, orar por elas, mas não deixe que elas roubem a sua alegria.

A alegria do Senhor é a sua força e o seu testemunho diante das outras pessoas. Ninguém irá querer o que temos se não lhes mostrarmos alegria, e essa alegria deve ser encarada como "estabilidade na dificuldade". Há alegria dentro de nós. Não temos de ir a algum lugar para obter o que precisamos.

Mais uma vez, se você quiser viver uma vida positiva em um mundo negativo, permaneça focado nas coisas boas da vida. Gostaria que houvesse um canal de boas notícias. Se todas as cidades tivessem um meio de comunicação de boas notícias, mais pessoas teriam alegria. Em vez disso, você vê as pessoas matando umas às outras e todos os programas de notícias cobrem o caso. Isso é o diabo engrandecendo o mal.

Creio na minha Bíblia, e Romanos 12:21 diz que vencemos o mal com o bem. Deus ainda é mais forte que o diabo. A luz continua sendo maior que as trevas, e a vida é mais forte que a morte. Temos tudo que é preciso para viver o tipo certo de vida. Se alguém perto de mim quiser ficar irritado e carrancudo, estou determinada a orar por ele e esperar que ele mude. Não vou entrar no poço com ele. Vou manter a minha alegria. Tome a decisão de não descer pelo ralo com ninguém que queira ir por esse caminho.

> Permaneça focado nas coisas boas da vida.

O RELACIONAMENTO CORRETO

A alegria se baseia em um relacionamento correto com Deus. Muitas pessoas têm um relacionamento com Deus, mas não é o relacionamento certo.

Romanos 14:17 diz: *"Pois o Reino de Deus não é comida nem bebida, mas justiça, paz e alegria no Espírito Santo."* Creio que essa é uma afirmação progressiva. Se eu começar por baixo, posso ter alegria. Precisamos manter um relacionamento correto com Deus e saber quem somos em Cristo, o que faz com que tenhamos paz e alegria. Tenho de saber que fui feita justiça de Deus em Cristo.[10] Não posso ter alegria se eu ficar continuamente fazendo uma lista de tudo o que há de errado comigo.

Todos nós fazemos algumas coisas erradas, mas também fazemos muitas coisas certas. Você está lendo este livro hoje, e isso é certo. Se mantivermos o nosso foco nas coisas certas, creio que elas superarão e vencerão as coisas erradas. Na verdade, não creio que exista nenhuma outra maneira de nos livrarmos dos problemas.

Não creio que seja possível nos livrarmos dos problemas se não formos positivos. Talvez os seus problemas não sejam nem de longe tão profundos quanto você pensa que são. Talvez você tenha se tornado negativo e simplesmente ter uma atitude mais positiva já ajudaria.

Capítulo 14

Se você cresceu em uma atmosfera negativa, na qual todos que o cercavam eram negativos, talvez você não entenda o quanto você é negativo. É hora de começar a conhecer pessoas positivas; então você começará a pensar e falar positivamente.

Não há nada de negativo em Deus. Amós 3:3 diz: *"Andarão dois juntos, se não houver entre eles acordo?"*. Para andar com Deus precisamos entrar em acordo com Ele. Deus diz que Ele o ama, então você precisa dizer que Ele o ama. Deus diz que você tem valor. Você precisa dizer que você tem valor. Deus diz que se você está em Cristo Jesus, você foi feito justiça de Deus, então você precisa dizer "fui feito justiça de Deus em Cristo". Opte por dizer o que Deus diz a seu respeito.

Temos de ser rápidos em nos arrepender para manter esse relacionamento correto. O pecado oculto e o pecado que recusamos a confrontar geram problemas maiores em nossa alma e rouba a nossa alegria. Não podemos nos esconder dele. Se nossa consciência está pesada, sabemos disso. Uma das melhores maneiras de manter a alegria é mantendo a consciência limpa.

Temos a certeza de uma consciência limpa fazendo tudo certo, admitindo os nossos pecados, arrependendo-nos e recebendo perdão. Se você ofendeu alguém, vá pedir perdão. Se você não tratou alguém direito, peça perdão. É melhor se humilhar e pedir perdão que manter esse peso. Não existe um travesseiro mais duro para deitar a sua cabeça à noite do que saber que você desobedeceu a Deus naquele dia e não tratou do assunto.

O Salmo 32:1-4 diz:

> **Como é feliz aquele que tem suas transgressões perdoadas e seus pecados apagados! Como é feliz aquele a quem o Senhor não atribui culpa e em quem não há hipocrisia! Enquanto eu mantinha escondidos os meus pecados, o meu corpo definhava de tanto gemer. Pois dia e noite a tua mão pesava sobre mim; minhas forças foram-se esgotando como em tempo de seca.**

Em síntese, Davi disse: "Antes de confessar, eu me sentia como um monte de ossos velhos, secos e mortos e a Tua mão de desgosto pesava sobre mim". Essa é uma tremenda descrição de como você se sente quando Deus está tratando você e você se recusa a se submeter a Ele.

Davi continua no versículo 5: *"Então reconheci diante de ti o meu pecado e não encobri as minhas culpas. Eu disse: 'Confessarei as minhas transgressões ao Senhor, e tu perdoaste a culpa do meu pecado.'"*

Esse é o tema central do Evangelho de Jesus Cristo. Ele perdoa os nossos pecados, e podemos ser continuamente perdoados dos nossos pecados.

Muitas pessoas pedem a Deus para perdoar os seus pecados, mas depois não recebem esse perdão, e tentam pelas suas próprias obras abrir caminho de volta para obter as boas graças de Deus.

No versículo 6, Davi diz: *"Portanto, que todos os que são fiéis orem a ti enquanto podes ser encontrado; quando as muitas águas se levantarem, elas não os atingirão."*

O versículo 7 continua: *"Tu és o meu abrigo; tu me preservarás das angústias e me cercarás de canções de livramento..."*. Ele nos diz que bem no meio do problema, Deus nos cerca com cânticos de livramento.

Às vezes não fazemos barulho suficiente para assustar o diabo. No instante que começar a se sentir deprimido e oprimido, você deve cantar bem alto: "Aleluia!" Observe o que acontece. A opressão e a depressão não podem ficar perto de nós quando cantamos de alegria. O diabo lhe dirá que você está agindo de maneira estúpida. Prefiro agir como louca para Deus a agir como louca para o diabo. A depressão e um rosto e uma atitude carrancudos e tristes é agir como louca para o diabo. É exatamente isso que ele quer que você faça. Talvez gritar "Aleluia!" quando você está em um quarto sozinho pareça loucura, mas pelo menos você está fazendo isso em obediência a um dos princípios de Deus.

Existem coisas que podemos fazer para superar os problemas, mas muitas vezes não queremos fazê-las. Quando nos sentimos para baixo, sinceramente não temos vontade de ouvir música porque há certa tendência negativa no seu velho homem que quer chafurdar na lama. Precisamos sacudir essa tendência! Somos novas criaturas em Cristo![11]

Fomos equipados com o que precisamos para sermos mais que vencedores, mas precisamos escolher agir com aquilo que temos. A alegria é uma escolha diária, e você não deve permitir que o diabo o engane, engolindo as mentiras de que isso pode funcionar para todo mundo, mas que os seus problemas são grandes demais para que funcione com você. Isso não é verdade.

Capítulo 14

Jesus disse em João 16:33: "Eu lhes disse essas coisas para que em mim vocês tenham paz. Neste mundo vocês terão aflições; contudo, tenham ânimo! Eu venci o mundo."

Talvez você tenha passado por muitas coisas negativas em sua vida. Deus quer que você saiba que o seu tempo de luto terminou! É tempo de parar de sofrer pelo que você perdeu.

Há um tempo para o luto, mas há um tempo para sacudi-lo para longe e seguir em frente com sua vida.[12] Talvez você tenha perdido alguém que amava. Talvez você tenha perdido seu emprego, um bem favorito ou um relacionamento. Eu perdi muitas coisas, e sei como é sofrer. As respostas são encontradas na Palavra de Deus.

Neemias 8:8,9 diz:

Leram o Livro da Lei de Deus, interpretando-o e explicando-o, a fim de que o povo entendesse o que estava sendo lido. Então Neemias, o governador, Esdras, o sacerdote e escriba, e os levitas que estavam instruindo o povo disseram a todos: "Este dia é consagrado ao Senhor, o nosso Deus. Nada de tristeza e de choro!" Pois todo o povo estava chorando enquanto ouvia as palavras da Lei.

Aparentemente, o que eles ouviram lhes pareceu mais do que podiam suportar, e isso os fez chorar. No versículo 10 lemos: "E Neemias acrescentou: 'Podem sair, e comam e bebam do melhor que tiverem, e repartam com os que nada têm preparado'." Bem em meio a tudo isso ele lhes lembra: "E não se esqueçam de dividir." Mesmo nas nossas provações devemos estender a mão para os que têm necessidades.

No versículo 10 ele está dizendo para comermos a gordura, bebermos a doçura, e enviarmos porções àqueles que não têm tanto quanto nós. Estenda a mão e ajude alguém. *"Porque este dia é santo para o nosso Senhor. E não fiquem tristes e deprimidos, porque a alegria do Senhor é a sua força e fortaleza."*

Uma fortaleza é um lugar no qual você pode estar protegido dos seus inimigos. A alegria o protege do inimigo. O inimigo não gosta da alegria; ele prefere a depressão, o desespero, o desânimo, a doença e o sofrimento. Jesus é a nossa glória e Aquele que levanta a nossa cabeça.[13]

Os israelitas eram muito dependentes de Moisés. Ele orava, acreditava e se arrependia por eles. Tudo que eles faziam era andar em círculos e agir loucamente. Quando Moisés morreu, os israelitas prantearam.

"Os israelitas choraram Moisés nas campinas de Moabe durante trinta dias, até passar o período de pranto e luto."[14] Quando alguém morria, eles tinham trinta dias para prantear. Depois disso, tinham de superar aquilo e seguir em frente.

Deus nunca fica deprimido por causa dos problemas. Ele tem sempre um novo plano. Quando uma coisa termina, Deus tem um plano para a próxima coisa que podemos fazer. Quando nos decepcionamos, não temos de ficar desanimados e deprimidos — podemos nos redirecionar. Não importa o que terminou na sua vida. Deus não terminou com você. Se Ele tivesse terminado com você, você não estaria aqui.

> Quando algo termina, Deus tem um plano para a próxima coisa que podemos fazer.

Você pode pensar que você foi um erro ou que não tem valor ou propósito. Se você se sente assim, é por causa da sua maneira de pensar, e não por causa do que Deus faria se você lhe desse uma chance.

Josué 1:1,2 diz: *"Depois da morte de Moisés, servo do Senhor, disse o Senhor a Josué, filho de Num, auxiliar de Moisés: 'Meu servo Moisés está morto. Agora, pois, você e todo este povo preparem-se para atravessar o rio Jordão e entrar na terra que eu estou para dar aos israelitas'."* Eles já sabiam que Moisés estava morto porque eles o haviam pranteado por trinta dias. Deus está fazendo uma afirmação enfática.

A Bíblia diz que Deus quer que transformemos o nosso lamento em alegria: *"O choro pode persistir uma noite, mas de manhã irrompe a alegria"*.[15]

Eclesiastes 3 diz que há tempo para chorar e tempo para lamentar, tempo para rir e tempo para brincar. Há tempo para tudo. Teríamos um coração duro e sem compaixão se perdêssemos alguma coisa e não sentíssemos nada. Mas, depois de algum tempo, você precisa deixar o que ficou para trás e seguir em frente. Se você não deixar essas coisas de lado, o passado destruirá o seu futuro.

Capítulo 14

Pode ser difícil esquecer. Quando não está fazendo nada, você pensa no passado. Quando você avança para algo novo, tem algo novo para se dedicar, algo novo para pensar. É uma decisão que só você pode tomar.

"*Multidões, multidões, no vale da decisão*", gritou Joel.[16] Tome a decisão de ter alegria agora. Decida-se a sacudir o passado para longe e seguir em frente. O tempo de lamento terminou.

Devemos desfrutar tudo que estamos fazendo agora e nos recusar a lamentar o passado — "Bem, eu gostaria, eu gostaria... Se tão somente eu tivesse, ou se tão somente eu não tivesse."

Deus disse: "*Meu servo Moisés está morto. Agora, pois, você e todo este povo preparem-se para atravessar o rio Jordão e entrar na terra que eu estou para dar aos israelitas. Como prometi a Moisés, todo lugar onde puserem os pés eu darei a vocês.*"[17] Ele está dizendo: "Deixem o passado para trás e tomem posse de uma nova terra. Todo lugar que a sola dos seus pés pisarem, eu darei a vocês. Vão em frente e não olhem para trás."

Nem sempre temos de voltar e tentar fazer o que um dia fizemos. Podemos seguir em frente para as novas funções que Deus tem para nós. Creio que Deus sempre guarda o melhor para o fim. A minha vida tem sido progressiva. Ela continua melhorando cada vez mais. Não pretendo atingir o topo e depois descer a ladeira.

I Samuel 16:1 diz: "*O Senhor disse a Samuel: 'Até quando você irá se entristecer por causa de Saul? Eu o rejeitei como rei de Israel. Encha um chifre com óleo e vá a Belém; eu o enviarei a Jessé. Escolhi um de seus filhos para fazê-lo rei.'*"

Saul foi o primeiro rei de Israel e ele se saiu mal. Mas Deus não ficou deprimido com isso, Ele levantou um novo rei. Samuel, por sua vez, ficou muito decepcionado porque ele havia trabalhado com Saul, orado por Saul e profetizado para Saul.[18] Samuel havia ministrado a Saul e acreditado em Saul.

Quando acreditamos e investimos nosso tempo em alguém e ele se sai mal, às vezes ficamos amargos com ele. Nós nos sentimos como se não pudéssemos confiar em mais ninguém porque poderíamos nos decepcionar.

Creio que Samuel tinha essa mesma atitude. Às vezes você se cansa de trabalhar com as pessoas. Às vezes esperamos mais dos cristãos do que podemos receber. Mas decidi que não vou ter uma atitude amarga. A trombeta de Deus está sempre cheia de óleo fresco.[19] Se uma pessoa não quer fazer o que é certo, e eu mantenho os olhos em Deus, Ele encontrará para mim duas outras que são melhores do que aquela que perdi.

Hoje é o dia de seguir em frente. Lembre-se de que a alegria pode superar todos os seus desânimos e decepções na vida. Jesus nos deu a Sua alegria, e a alegria do Senhor é a nossa força. Tudo que precisamos fazer é tomar uma decisão. *Escolha a alegria!*

Capítulo 15

Domínio Próprio — Fazendo as Escolhas Certas

No mundo de hoje, o Cristianismo não tem uma boa reputação. A atitude que as pessoas têm para com os cristãos pode ser muitas vezes dolorosa porque elas nos veem a partir da perspectiva do mundo. Mas o outro lado disso é que os cristãos nem sempre vivem à altura do que dizem que acreditam.

Não somos perfeitos, mas todos nós podemos subir mais alto. Cometemos erros, e há sempre alguém que dirá: "Você é um hipócrita", se você não se comportar de maneira perfeita. A Bíblia nos diz muito claramente que seremos conhecidos pelos nossos frutos.

Podemos ficar excessivamente preocupados com os nossos dons. Passei muitos anos orando pelos dons do Espírito nos primeiros dias do meu ministério. Eu queria os dons de cura, a palavra de conhecimento e a palavra de sabedoria, assim como os outros dons. A Bíblia diz que os dons do Espírito são dados para o bem e o proveito de todos.[1]

Muitas vezes buscamos os dons para termos uma boa imagem e até competimos pelos dons do Espírito. As pessoas perguntam: "Qual é o seu dom?" Lembro-me de que nos anos 1970 e 1980, se você não tivesse identificado o seu dom, então você não era nada.

Capítulo 15

Como mencionei anteriormente, depois de certo tempo no ministério e passando tempo orando pelos dons do Espírito, Deus finalmente falou comigo um dia, e disse: "Joyce, você raramente ora pelo fruto do Espírito. Você só quer os dons." Ele disse: "Se você estivesse orando pelo fruto, você provavelmente já teria os dons e o fruto."

Se só estivermos interessados nos dons, então os dons que temos nunca atingirão o seu pleno potencial.

Lembre-se de que Jesus disse: *"Um novo mandamento lhes dou: Amem-se uns aos outros. Como eu os amei... Com isso todos saberão que vocês são meus discípulos, se vocês se amarem uns aos outros."*[2] Como vimos, o amor deveria ser a nossa prioridade número 1. O amor é o fruto do Espírito e todos os outros frutos procedem do amor.

Em Gálatas 5, o amor é o primeiro mencionado e o domínio próprio é o último. Creio que o amor e o domínio próprio são como aparadores de livros que mantêm todo o restante no lugar.

Não andaremos em nenhum dos frutos do Espírito sem domínio próprio. O fruto do Espírito não tem a ver com como nos *sentimos*, mas com o que *escolhemos fazer*. Se você esperar para sentir vontade de ser bondoso, então pode conseguir acertar ocasionalmente em um dos seus dias bons, mas muito provavelmente você terá alguns dias em que não terá vontade de ser bom. Você pode ser salvo, cheio do Espírito Santo, e atuar em muitos dons, mas ainda haverá vezes em que você sentirá vontade de esmagar a cabeça de alguém.

A Bíblia tem muito a dizer sobre domínio próprio. O domínio próprio é um fruto do Espírito que devemos desenvolver e optar por atuar nele. Deus nos dá domínio próprio para podermos nos disciplinar. Sem domínio próprio, não podemos ter as coisas que desejamos.

Desejei este ministério. Se não tivesse desenvolvido o fruto do domínio próprio em minha vida, eu não poderia fazer o que faço hoje. Você precisa se disciplinar para estudar, orar e fazer coisas quando não sente vontade de fazê-las.

Você precisa se disciplinar para fazer as coisas que acha detestáveis. Pregar em um púlpito é a menor parte do que faço. Prego por um ou dois dias por semana e estudo às vezes durante oito a dez horas por dia. Enquanto eu faço isso, há pessoas que saem para jantar ou jogar golfe. Se você

188

Domínio Próprio — Fazendo as Escolhas Certas

vai fazer alguma coisa, tem de exercitar o domínio próprio e permanecer comprometido, aprendendo a dizer não às coisas que você quer fazer para que possa provar que é bem-sucedido.

O diabo mentirá para você. Ele lhe dirá: "Isto não é vida", mas se você não cumprir o chamado de Deus para a sua vida, será infeliz. Prefiro ter realização interior a ter realização exterior. Quando deito a cabeça à noite, quero saber que estive dentro da vontade de Deus a semana inteira.

É preciso ter domínio próprio. Temos de disciplinar nossos pensamentos. Temos de disciplinar a nossa boca. Talvez você não ache que tem disciplina alguma. Sim, você tem! Se você foi salvo, você tem disciplina e domínio próprio dentro de você. Talvez você não o tenha desenvolvido, e talvez não queira usá-lo, mas ele está ali. 2 Timóteo 1:7 diz que Deus não nos deu espírito de temor. A *Amplified Bible* diz: "*Porque Deus não nos deu espírito de timidez, mas de poder e amor e uma mente equilibrada, disciplina e domínio próprio.*"

> Se você foi salvo, você tem disciplina e domínio próprio dentro de você.

A mente tem tudo a ver com isso. Uma vez que você realmente se decida a fazer alguma coisa que sabe que deve fazer, nenhum demônio pode impedi-lo de fazer isso. A vontade é mais forte que os demônios. Vou lhe dar um exemplo.

Estou sempre lutando contra um a três quilos a mais no meu peso. Ao longo dos anos, eu perdia esse peso e depois recuperava. Todos nós temos o nosso peso ideal que gostaríamos de pesar. Talvez você desejasse que tudo o que tivesse de se preocupar fosse com um excesso de dois quilos. Isso pode parecer ridículo, mas quer seja um quilo ou cinquenta quilos, o princípio é o mesmo.

Ao longo dos três últimos anos pareceu-me que ficou cada vez mais difícil me ver livre daqueles três quilos a mais. Tenho amigas que podem comer mais do que eu, e elas continuam mais magras do que eu! Podemos reclamar do nosso metabolismo, mas isso não faz com que ele funcione melhor. Sentir pena de mim mesma não me ajuda a fazer o que preciso.

189

Capítulo 15

Minha amiga pesa quarenta e três quilos. Ela pesou quarenta e dois nos últimos doze anos desde que a conheço. Seria difícil para mim sentir pena dela; ela ganhou dois quilos. Ela come tanto quanto eu. Passei dos quarenta e dois quilos há muito tempo. Eu apenas ia e voltava. Parecia que eu não conseguia perder esse peso. Eu dava desculpas por não perder peso: "Trabalho demais viajando para lidar com tudo isso", eu dizia.

Eu estava no estúdio de televisão há algumas semanas, e coloquei um terninho que me caía muito bem há um ano, mas ele não me caiu tão bem. Quando olhei para mim mesma naquele terninho, eu disse: "Chega. Vou perder este peso." Aprendi uma lição valiosa com essa experiência. Eu estava brincando com esse assunto. Eu queria perder peso, mas não queria desistir de algumas das coisas que estava comendo. Uma coisa é dizer que você vai perder peso. Outra coisa é continuar a dizer isso quando você está com fome. Dois dias depois, eu estava sentada diante do computador trabalhando e a fome me atingiu com tanta força que pensei que eu fosse cair da cadeira.

Meu estômago realmente doía. Eu disse ao meu corpo: "Cale a boca. Você não vai ganhar nada até a hora do almoço. Não me importa como você se sente ou o ataque que você vai dar. Cale a boca. Você não vai comer." Imediatamente, aquela sensação se acalmou a ponto de ficar tudo bem. Tirei a ideia da cabeça.

Precisamos falar com nós mesmos com mais frequência da maneira correta. Normalmente dizemos: "Estou morrendo de fome, estou morrendo de fome. Não aguento mais. Preciso comer. Minha glicemia está caindo. Vou desmaiar."

Depois de algumas semanas, eu havia perdido o que queria perder e isso me provou que se você realmente deseja fazer uma mudança, você pode. Eu estava lutando contra aquilo por três anos. Em algumas semanas de disciplina, tudo se acertou.

Quero dizer que entendo que existam pessoas que são vítimas de um desequilíbrio químico, e é impossível para elas perder peso até que as coisas sejam equilibradas no seu corpo. Também sei que à medida que envelhecemos o nosso metabolismo desacelera, e manter o mesmo peso se torna cada vez mais difícil. Cada pessoa precisa descobrir o que funciona para ela, mas seja o que for, irá requerer domínio próprio, que é um fruto do Espírito que Deus graciosamente nos deu.

Ainda que exista um desequilíbrio químico, provavelmente será preciso mudar os hábitos alimentares para trazer correção. Comida de boa qualidade ajuda a produzir resultados de boa qualidade em nosso corpo. Não posso comer muitas coisas que minha boca gostaria de provar simplesmente porque elas não têm nutrição de verdade, e não posso me dar ao luxo de desperdiçar minhas calorias. Muitas vezes quando os outros estão comendo uma sobremesa, preciso optar por dizer "não obrigada". Deus disse em Deuteronômio 30:19: *"Coloquei diante de vocês a vida e a morte... escolham a vida..."*. Tento me lembrar disso todas as vezes que me sento para fazer uma refeição. Posso fazer escolhas que melhorarão minha saúde, mas também posso fazer escolhas que a prejudicarão. Tenho um chamado maravilhoso sobre a minha vida, e pretendo completar o que Deus me chamou para fazer. Preciso estar saudável para fazer isso; portanto, simplesmente não posso fazer tudo o que todo mundo faz, nem posso fazer tudo o que me der vontade de fazer.

Sou grata a Deus pelo fruto do domínio próprio. Estaríamos em um caos irreconciliável em nossa vida se Deus não tivesse nos equipado com esse fruto maravilhoso e útil. Nunca diga: "Simplesmente não tenho domínio próprio." Comece a dizer o que a Palavra de Deus diz a seu respeito: "Tenho o fruto do domínio próprio e sou capaz de fazer o que quer que eu precise fazer em qualquer situação porque Deus é a minha força."

Precisamos aprender a reconhecer quando começamos a deixar as coisas saírem dos trilhos. Embora você possa ter força de vontade e ser muito disciplinado, o diabo ainda tentará enganá-lo. Ele está procurando uma área na sua vida em que você não está tomando decisões firmes. Precisamos tomar cuidado para firmar a nossa mente em concordância com o que sabemos que Deus quer que façamos. Você não pode permitir que nenhum pensamento negativo e vacilante o desvie do seu objetivo.

É preciso compromisso para fazer o que é necessário. Eis outro exemplo. Precisávamos reformar a parte interna de uma antiga casa onde morávamos há dez anos. O carpete estava desgastado, precisávamos de cortinas novas e algumas persianas tinham dobras causadas por se olhar através delas. Precisávamos de papel de parede novo e pintura nova. Não existe caos maior do que tentar reformar uma casa morando dentro dela.

Capítulo 15

Eu sentia que Deus havia colocado em meu coração que eu devia fazer isso, mas eu não queria fazê-lo. Continuei indo e voltando entre "Devo fazer isto?" e "Não quero fazer isto". Tomei uma decisão e adotei uma nova mentalidade. "A confusão vai durar apenas dois meses; depois vou amar os resultados." Muitos de nós querem resultados, mas não querem a bagunça que os acompanha. Queremos o lucro, mas não queremos a dor. Queremos ter boa aparência, mas não queremos nos disciplinar em nossos hábitos alimentares.

Se ficarmos brincando demais com muitas coisas em mente, nós nos tornaremos vacilantes. *Sim, vou fazer isso. Não, não vou. Não sinto. Não acho. Não quero.*

Tudo na vida exige decisões de qualidade, domínio próprio e disciplina para acontecer. Limpar a casa, perder peso, não gastar mais dinheiro do que deveria, manter a paz, todas essas coisas exigem domínio próprio. Deus não vai enviar anjos para passar o aspirador no nosso chão por mais que repreendamos a sujeira na nossa casa. Ela continuará não indo embora a não ser que a limpemos!

O domínio próprio é a arte de controlar a si mesmo. Acho bastante interessante que a maioria das pessoas não queira se controlar, mais queira controlar todos os outros. Pessoas que controlam e manipulam, geralmente não controlam a si mesmas. É necessário entendermos que esse é o fruto do domínio próprio.

É praticamente impossível demonstrar os outros oito frutos do Espírito a não ser que tenhamos domínio próprio. Como podemos permanecer em paz em meio a uma situação angustiante se não exercitarmos o domínio próprio?

O domínio próprio nos permite ser pacientes quando nos sentimos impacientes. Você não espera para sentir paciência, mas escolhe ser paciente. Não posso ser impaciente só porque sinto vontade. Isso não agrada a Deus. Quero agradar a Deus. Quero ser como Cristo. Quero demonstrar o fruto do Espírito porque quero que as outras pessoas tenham fome daquilo que eu tenho.

Os sentimentos são o seu inimigo número 1. As pessoas me dizem como elas se *sentem* acima de qualquer outra coisa. "Eu *sinto* Deus." "Eu não *senti* Deus." "*Sinto* vontade de dar algo." "Não *sinto* vontade de fazer isso."

"Não *sinto* vontade de ir àquela reunião." "Vou esperar e ver como me *sinto* de manhã antes de tomar uma decisão." Se esse é o seu jeito de viver, então você pode carimbar "desastre" em cima da sua vida e seguir em frente. Você não terá vitória a não ser que se discipline e tome decisões para fazer o que você sabe que deve fazer.

As pessoas se comprometem em fazer alguma coisa quando estão no auge das emoções, e depois, quando todo aquele pico emocional termina, elas não sentem vontade de fazer o que disseram que fariam. É por isso que temos tamanha falta de integridade na nossa sociedade hoje. As pessoas não podem confiar que os outros cumprirão a palavra. Elas suspeitam de todos. Falta-nos honra, integridade e excelência. As pessoas optam por ser medíocres, e pessoalmente estou muito cansada disso. Tenho fome de excelência.

> **Para ter vitória, tome a decisão de fazer o que você sabe que deve fazer.**

O mundo pode escolher ser assim, mas nós não estamos no mundo e não somos do mundo. Como filhos e filhas do Altíssimo, devemos imitá-lo.[3] Ele é excelente e cheio de integridade. Ele cumpre Sua Palavra.

Mas como podemos exercitar a humildade se não temos domínio próprio?

Bem, quando Dave começou a me dizer para fazer coisas, foi como uma verdadeira explosão de fogos de artifício dentro de mim, mas não era uma festa. Depois, com o passar dos anos, tornei-me melhor.

Todas as vezes que você se disciplina para fazer a coisa certa, a próxima vez é um pouco mais fácil. Seja o que for que estejamos exercitando, aquilo fica mais forte. Se exercito o meu humor, então meu humor se torna mais forte. Se eu exercito a impaciência e expresso impaciência toda vez que me sinto impaciente, a impaciência fica cada vez mais forte.

Como cristãos nascidos de novo, temos o fruto do Espírito em nós, mas se não nos propusermos a exercitá-lo, todas essas outras coisas que se opõem a ele continuarão mais fortes. Isso gera cristãos carnais, que não

Capítulo 15

estão andando no Espírito porque se recusam a exercitar o fruto do Espírito, inclusive o domínio próprio.

O Espírito Santo nos leva a andar no fruto do Espírito. Ele simplesmente não me levará à prosperidade, ao sucesso e a tudo o mais que quero se eu me recusar a permitir que Ele me conduza através das outras coisas que preciso em minha vida.

Escolha parar de dizer: "Simplesmente não tenho disciplina ou domínio próprio." Se na dimensão natural você é a pessoa mais indisciplinada do mundo, comece a dizer pelo menos cinquenta vezes por dia: "Tenho o espírito de disciplina e domínio próprio. Sou disciplinada. Tenho domínio próprio. Não faço o que o diabo deseja, mas somente o que Deus me diz para fazer. Tenho força de vontade e a minha vontade está sintonizada na direção de Deus. E não vou fazer mais o que sinto vontade de fazer."

Aprendi a falar corretamente comigo mesma. Você pode escolher falar consigo mesmo de tal maneira que o ajude. Podemos dizer coisas erradas que nos geram problemas. O diabo coloca pensamentos errados em nossa mente e depois pronunciamos esses pensamentos errados. "Não consigo controlar meu apetite." Não diga isso, diga: "Como o que é bom para mim. Não como apenas o que quero. Não me importa o quanto a comida pareça boa ou quem mais está comendo, recuso-me a fazer o que o verdadeiro eu não quer fazer."

Às vezes pensamos que coisas como o apetite não têm nada a ver com a nossa vida espiritual. Sim, elas têm! Atente para esta revelação: Se não formos disciplinados em outras áreas de nossa vida, não seremos disciplinados nas coisas espirituais.

Temos mais de um apetite. Às vezes as pessoas têm tanto apetite pelas coisas que esse apetite as controla. Precisamos tomar cuidado para que o nosso apetite por algumas coisas, como mercadorias, entretenimento ou até sexo, permaneça equilibrado.

Domínio próprio é viver com moderação. Creio que devemos tomar cuidado com a extravagância. Há uma diferença entre prosperidade e excesso de extravagância. Deus não desperdiça nada. Evite os extremos e permaneça dentro de limites razoáveis. Domínio próprio é uma restrição suave ou calma nas ações e no falar.

Precisamos pensar na nossa boca. Tiago 3:2 diz que se algum homem consegue controlar a sua língua, ele pode controlar toda a sua natureza.

A Bíblia diz que nenhum homem pode domar a língua.[4] Se trabalharmos com o Espírito Santo o suficiente para ter a nossa língua sob controle, todas as outras áreas de nossa vida estarão sob controle.

Se não tivermos domínio próprio, nossas emoções nos governarão e levaremos uma vida infeliz. Lembro-me de quando um espírito de auto-piedade me controlava. Todas as vezes que Dave não fazia o que eu queria, eu tinha uma crise de autocomiseração, ficava emburrada o dia inteiro, chorava, continuava chorando e sendo infeliz. Isso não muda nada. Só Deus pode mudar as circunstâncias em nossa vida. Dar chiliques não muda as coisas.

Atos 24:24,25 diz: "Vários dias depois, Félix veio com Drusila, sua mulher, que era judia, mandou chamar Paulo e o ouviu falar sobre a fé em Cristo Jesus. Quando Paulo se pôs a *discorrer* acerca da justiça...". A *Amplified Bible* usa a expressão *discutir* no lugar de *discorrer*. Mas quando diz discutir, não significa que Paulo estava discutindo. Ele estava apenas provando o seu ponto de vista.

A Bíblia continua dizendo: "... *acerca da justiça, do domínio próprio e do juízo vindouro. Félix teve medo e disse: 'Basta, por enquanto! Pode sair. Quando achar conveniente, mandarei chamá-lo de novo'"*.Félix quis dizer: "Não quero ouvir sobre essas coisas agora. Estou disposto a ouvir falar sobre fé se você for me dizer como posso usar a minha fé para ter o que quero, mas se você vai falar sobre usar a sua fé para passar por provações, então vá embora e volte outra hora. Este não é um dia conveniente. Não me importo de você falar sobre prosperidade. Não me importo de você falar sobre a minha cura, mas você tem de falar sobre domínio próprio?"

Não importa que tipo de problema temos em nossa vida. O domínio próprio entra em ação em todas as áreas. Há certas mensagens na Bíblia que se encaixam em tudo e essa é uma delas.

Se você precisa de domínio próprio em alguma área de sua vida, não adie para algum outro momento. Não há tempo como o presente. I Timóteo 3:1,2 diz: "*Esta afirmação é digna de confiança: Se alguém deseja ser bispo deseja uma nobre função. É necessário, pois, que o bispo seja irrepreensível, marido de uma só mulher, moderado, sensato...*". Acho interessante que uma das primeiras qualificações para a liderança seja a moderação. Em outras palavras, o domínio próprio.

Capítulo 15

Os versículos 2 a 4 continuam: "... *respeitável, hospitaleiro e apto para ensinar; não deve ser apegado ao vinho, nem violento, mas sim amável, pacífico e não apegado ao dinheiro. Ele deve governar bem sua própria família, tendo os filhos sujeitos a ele, com toda a dignidade.*"

Realmente fico perturbada quando vejo uma criança de dois ou três anos batendo nos pais. Muitos pais hoje têm medo de bater nos filhos em público por causa do que dizem as leis.

Se você tem um filho teimoso, sugiro que você use a sua força de vontade e a torne mais forte do que a dele. Se o seu filho se comporta de maneira inadequada em público e você não acha que tem liberdade para corrigi-lo adequadamente onde estiver, você pode sempre considerar a hipótese de sair da loja ou de onde você estiver, levando-o até o carro ou para casa se necessário e dar-lhe a correção necessária.

Certamente não estou defendendo o espancamento ou o abuso, mas uma boa palmada no lugar certo nunca machucou ninguém que precisou dela. Qualquer criança que bate nos seus pais precisa de uma boa palmada. Acho que uma das razões porque Deus acolchoou tanto a nossa retaguarda foi para que pudéssemos absorver as palmadas quando precisássemos delas.

Se você for disciplinado para disciplinar seu filho, principalmente nesses momentos em que poderia ser inconveniente fazer isso, você logo ganhará a guerra. A criança entenderá que haverá consequências para o comportamento errado. Sinto que muitas pessoas não se disciplinam para disciplinar seus filhos — e isso é trágico.

Se você corrigir seu filho e disser: "Agora, você vai ficar em casa uma semana", então, como pai ou mãe, você tem de manter o que disse. Algumas pessoas deixam seus filhos fazerem tudo o que eles querem porque não querem passar pelo que é preciso para permanecer firmes.

Tenho de me disciplinar para disciplinar os funcionários que exigem correção. Certamente não sinto vontade de fazer isso, mas eu não teria este ministério se não cuidasse das coisas que geram conflitos em meu escritório.

Não estamos sendo bons mordomos do que Deus colocou aos nossos cuidados se nos recusarmos a trazer disciplina quando necessário. A falta de confronto adequado, dentro de princípios bíblicos, dá uma base de apoio ao diabo e, se não for impedido, ele avançará e criará uma fortaleza.

Domínio Próprio — Fazendo as Escolhas Certas

Precisamos lembrar que o diabo é agressivo, e que não o derrotaremos com passividade.

Você precisa fazer coisas que não quer fazer se quiser ter êxito. Se você quer ser tudo o que pode ser, então precisa fazer algumas coisas que não quer fazer. Isso não deve ser uma ocorrência ocasional, de vez em quando. Deve ser parte regular da sua vida o tempo todo.

> **Para ter êxito, precisamos fazer coisas que não queremos fazer.**

Creio que os cristãos devem pagar suas contas. Isso requer disciplina. É preciso disciplina para comprar apenas aquilo que você pode pagar. Você pode ter entrado em um caos financeiro antes de ser salvo. Não estou tentando condená-lo, mas incentivo-o a se disciplinar agora.

Acho interessante que seja difícil para algumas igrejas obter empréstimos porque elas têm uma reputação terrível por não pagarem suas contas. Muitas vezes as pessoas não querem trabalhar com as igrejas por causa da má reputação delas. Os cristãos certamente deveriam ter uma boa reputação nessa área, assim como em todas as outras áreas. Há momentos em que as pessoas dizem que estão dando um passo "de fé". Em outras palavras, elas estão comprando alguma coisa e acreditando que Deus proverá o dinheiro para pagar por ela. Pode haver momentos em que Deus nos peça para dar um passo de fé, mas se Ele fizer isso, Ele sempre pagará as contas. Você precisa discernir a diferença entre Deus lhe pedir para dar um passo e você dar um passo e pedir a Deus para pagar a conta. Deus paga pelo que Ele manda, mas Ele não paga por tudo que decidimos comprar. Precisamos aprender a esperar pelas coisas que queremos. A nossa sociedade é uma sociedade de gratificação instantânea, e o plano "compre agora, pague depois", que é tão popular, nos ajuda a evitar nos disciplinarmos e esperar.

2 Coríntios 5:14 diz que o amor de Cristo nos constrange ou nos controla. Faço muitas coisas pelo amor de Deus que eu não faria por qualquer outra pessoa na face desta terra. Há muitas vezes em que Dave e eu temos uma discussão acalorada e fecho minha boca por Jesus. Sorrio e digo: "Sim, querido."

Há muitas áreas em que não quero me disciplinar, mas faço isso porque amo Jesus. Para ser sincera com você, foi assim que finalmente parei de fumar. Fumar não apenas faz mal à sua saúde, como exerce um efeito controlador. Paulo disse que ele não permitiria que nada o controlasse, e acredito que essa é uma boa norma para se adotar. Queremos agradar a Deus, mas nem sempre estamos dispostos a sofrer para agradá-lo.

Queremos fazer o que Deus nos diz para fazer, se isso não nos custar demais ou não for um inconveniente para nós. Precisamos parar de andar segundo a maneira como nos sentimos e fazer o que sabemos que é certo. A Bíblia diz para não nos cansarmos de fazer o bem, ou de fazer o que sabemos que é certo, pois no devido tempo colheremos, se não desfalecermos.[5]

Lucas 6:35 diz: "*Amem, porém, os seus inimigos, façam-lhes o bem e emprestem a eles, sem esperar receber nada de volta. Então, a recompensa que terão será grande...*". Ninguém quer amar os inimigos. Mas a Bíblia até diz que se alguém pedir alguma coisa emprestada a você e não devolver, não sinta que perdeu nada. Diga: "Bem, eu o darei a você."

Recuse-se a permitir que a amargura entre no seu coração. Estávamos em uma grande rede de televisão há cinco anos que estava gerando o maior apoio financeiro. Havíamos sido fiéis pagando as nossas contas em dia e havíamos feito tudo que eles nos pediam, quando de repente eles nos tiraram do ar. Mudaram a programação e tiraram todas as transmissões religiosas daquele horário da manhã.

Isso me ofendeu muitíssimo. Senti-me roubada porque havíamos feito o que era certo. Tínhamos um contrato. Eles não prestaram atenção ao contrato e durante alguns dias eu chorei. Quando estava sentada na igreja um domingo de manhã, meu pastor falou sobre "ofertar" e aquela palavra me atingiu como uma tonelada de tijolos. Deus me disse: "Você pode dar aquela estação como uma semente ou você pode se sentir roubada. E se você a der como uma semente, Eu lhe darei uma colheita."

Aquela palavra foi forte em mim. Levantei-me na igreja e compartilhei-a. Tomei uma decisão naquele dia. Recusei-me a ficar amargurada e ressentida e semeei aquilo como uma semente. Agora estou na mesma rede todos os dias, não apenas uma vez por semana, e em um horário melhor do que o que eu tinha antes. Eles me pediram para voltar ao ar. Minha recompensa não vem das pessoas. Ela vem de Deus.

Em Efésios 5:22, a Bíblia fala sobre um assunto que não gostamos de ouvir: *"Mulheres, sujeitem-se (sejam submissas) a seus maridos, como ao Senhor."* Não gosto das palavras *sujeitar* e *submeter*. A maioria de nós quer as coisas do nosso jeito. Mas eis o detalhe: *"como ao Senhor."* Fazemos isso porque amamos a Deus. É preciso ter domínio próprio para fazer isso.

Colossenses 3:23 diz: *"Tudo o que fizerem, façam de todo o coração, como para o Senhor, e não para os homens."* Se você serviu na igreja por cinco anos e ninguém disse obrigado, não vá embora porque eles não lhe agradeceram. Só saia porque Deus lhe disse: "Quero que você saia agora."

Sim, todos nós precisamos de reconhecimento porque precisamos ser encorajados. Se as pessoas não o valorizam, elas estão erradas — mas um erro não justifica o outro. Se você está em um nível mais alto e alguém cair para um nível mais baixo, quem vai ajudá-lo se você deixar que o puxem para baixo? Escolha ficar no alto e esteja determinado a não afundar com eles. É então que Deus promove você.

Em Jó 32:17-20, Jó disse que estava cheio de palavras a ponto de sentir como se fosse explodir, mas ele disse: *"dentro de mim o Espírito me constrange"* (ARA). Com tudo que ele estava passando, Jó exerceu o domínio próprio. Seus amigos se levantaram contra ele. Ele foi culpado e acusado, mas se controlou.

Você pode estar cheio de palavras a ponto de sentir como se fosse explodir, e o espírito trabalhar com afinco para constrangê-lo. Reprimir-se e controlar a si mesmo é bíblico.

Em I Samuel 3:13, Eli não reprimiu seus filhos, que estavam pecando, e uma maldição veio sobre toda a sua casa. Seus filhos morreram em batalha. A arca de Deus foi capturada, e Eli caiu morto. Tudo porque ele não quis fazer seus filhos obedecerem.

Provérbios 1:2, 3 diz:

Eles ajudarão a experimentar a sabedoria e a disciplina; a compreender as palavras que dão entendimento; a viver com disciplina e sensatez, fazendo o que é justo, direito e correto.

A Bíblia nos fala sobre disciplina e justiça, pois ainda temos de usar de sabedoria e disciplina mesmo quando pensamos em ajudar alguém

Capítulo 15

e fazer o que é certo, porque se uma pessoa tem um dom de misericórdia, ela pode dar algo a alguém e acabar fazendo mal a essa pessoa.

Você pode fazer mal a seus filhos fazendo demais e tornando tudo tão fácil para eles que eles nunca precisam crer para ter nada. Dave precisa me reprimir de vez em quando com relação a nossos filhos porque eu lhes daria o banco inteiro. Como mãe, quero abençoá-los, mas se eu fizer demais, posso, na verdade, fazer mal a eles.

> **Filho meu, não te ponhas a caminho com eles; guarda das suas veredas os pés.**
>
> **Provérbios 1:15, ARA**

Também preciso me disciplinar para não andar com as pessoas erradas. Se você passar tempo com uma fofoqueira, você vai fofocar. Pelo fato de que os espíritos são transferíveis, se você ficar sentado com uma pessoa negativa, você será negativo. Se eles não receberem o que você tem, você corre o risco de receber o que eles têm.

É exatamente por isso que quando você é salvo precisa tomar muito cuidado para não voltar e frequentar os mesmos velhos lugares, porque isso pode puxá-lo de volta para o seu velho estilo de vida.

As áreas nas quais precisamos nos disciplinar são intermináveis. *"No muito falar não falta transgressão, mas o que modera os lábios é prudente"*.[6] A palavra "prudente" significa ser um bom administrador.[7] Aquele que controla as suas palavras é alguém que não diz tudo que vem à sua mente.

Todos nós dissemos alguma coisa e depois mais tarde pensamos, *gostaria de ter pensado antes de falar aquilo*. Provérbios 19:11 nos diz: *"A sabedoria do homem lhe dá paciência; sua glória é ignorar as ofensas."* Isso significa que todas as vezes que alguém me ofender, se eu for uma pessoa sábia, não me permitirei ficar zangada. Eu reprimirei a minha ira, embora possa me sentir irada.

Uma das primeiras séries de ensino que meu irmão ouviu quando era um novo convertido foi a que ensinei sobre o espírito da ofensa. Ele disse: "Cara, foi tão bom eu ouvir isso tão cedo na minha caminhada com Deus!" Ele fazia parte da nossa equipe que viajava pela estrada. Mesmo viajando, nossas equipes de cinquenta e poucas pessoas precisam exercitar esse princípio o tempo todo. Eles precisam optar por não se ofender. É preciso reprimir a sua raiva.

Talvez você seja sensível demais. A palavra "reprimir" não deixa ninguém feliz porque as pessoas hoje não querem ser reprimidas. A expressão mais comum atualmente é: "Se faz você se sentir bem, faça!" Isso não funciona; isso só leva a uma vida de destruição. As pessoas não querem que lhes digam nada, nem lhes ensinem nada. Se você pensa que esse estilo de vida não está na igreja, você está enganado.

O domínio próprio requer uma decisão de firmar a sua mente e mantê-la firmada. O apóstolo Paulo tinha de adotar o domínio próprio. Só porque ele foi levado ao terceiro céu, isso não significa que ele nunca foi tentado. Você não é uma pessoa terrível porque é tentado. A questão é, você está controlando a tentação?

Qualquer área da nossa vida pode ficar desequilibrada. Não importa qual seja ela. A Bíblia diz: "Estejam alertas e vigiem. O diabo, o inimigo de vocês, anda ao redor como leão, rugindo e procurando a quem possa devorar."[8]

A Bíblia diz que a tentação tem de acontecer. I Coríntios 9:24,25 diz: "Vocês não sabem que de todos os que correm no estádio, apenas um ganha o prêmio? Corram de tal modo que alcancem o prêmio. Todos os que competem nos jogos se submetem a um treinamento rigoroso...".

I Coríntios 9:25,26 continua: "... para obter uma coroa que logo perece; mas nós o fazemos para ganhar uma coroa que dura para sempre. Sendo assim, não corro como quem corre sem alvo, e não luto como quem esmurra o ar." Paulo está dizendo: "Tenho um plano, e estou trabalhando no meu plano. Tenho uma direção, e estou atento à minha direção. Não estou apenas deixando que todas essas outras coisas aqui fora me controlem e me façam perder o foco."

As pessoas que não conseguem ficar focadas jamais cumprirão seu ministério. Na segunda-feira de manhã sabem o que devem fazer, mas recebem um telefonema na segunda-feira à tarde. Alguém quer levá-las para almoçar e fazer compras. Agora, de repente, elas não podem fazer o que iam fazer porque as emoções dizem "uhuuuuuu!".

O versículo 27 diz: "Mas esmurro o meu corpo e faço dele meu escravo, para que, depois de ter pregado aos outros, eu mesmo não venha a ser reprovado."

Capítulo 15

I Coríntios 6:12 diz: "'Tudo me é permitido', mas nem tudo convém. 'Tudo me é permitido', mas eu não deixarei que nada me domine."

Não estamos falando de legalismo. Creio que muitas pessoas que foram indisciplinadas por toda a vida estarão no céu, mas nenhuma delas terá experimentado vitória na terra. Elas perderão a alegria e a paz e não terão cumprido o chamado de Deus sobre sua vida. Não deixe que isso aconteça com você. Tome decisões de fazer o que você sabe que deve fazer, e não desista até ter realizado o que você se propôs a fazer. Experimente a alegria e a vitória que Deus pretende que você tenha na terra.

Conclusão

Deus providenciou um tipo de vida excepcional para nós vivermos. Ela se manifesta à medida que aprendemos a agir pelo fruto do Espírito que foi disponibilizado para nós pela graça de Deus. Creio que ensinar sobre o fruto do Espírito é de grande importância simplesmente porque Jesus disse em Mateus 7:20: "Pelos seus frutos os conhecereis."

Jesus quer que o mundo reconheça aqueles que o representam. Ele quer que demos a Deus a glória à medida que o Seu Espírito Santo trabalha em nós e através de nós. Ele quer que sejamos, como a Sua Palavra diz, *sal*[1] e *luz*.[2] O sal deve deixar as pessoas sedentas, e a luz dissipa as trevas. Temos um trabalho muito importante no Reino de Deus. Somos os Seus representantes.

De sorte que somos embaixadores em nome de Cristo, como se Deus exortasse por nosso intermédio. Em nome de Cristo, pois, rogamos que vos reconcilieis com Deus.

2 Coríntios 5:20

Eu o desafio a decidir agora mesmo que você viverá o restante de sua vida esforçando-se para dar glória a Deus em tudo o que fizer. À medida que tomar essa decisão e a colocar em prática em sua vida, você descobrirá que a sua vida é excepcional, além de qualquer coisa que você poderia ter imaginado. Amor, fidelidade, bondade, paciência, benignidade, paz, hu-

Conclusão

mildade, alegria e domínio próprio são os elementos que tornam a nossa vida excepcional; eles são uma recompensa em si mesmos. Nascemos para exibi-los, e jamais seremos realizados sem eles.

> **Busquem, pois, em primeiro lugar o Reino de Deus e a sua justiça, e todas essas coisas lhes serão acrescentadas.**
>
> **Mateus 6:33**

ORAÇÃO POR UM RELACIONAMENTO PESSOAL COM O SENHOR

Deus quer que você receba o Seu dom gratuito da salvação. Jesus quer salvar você e enchê-lo com o Espírito Santo mais do que qualquer coisa. Se você nunca convidou Jesus, o Príncipe da Paz, para ser o seu Senhor e Salvador, eu o convido a fazer isso agora. Faça a seguinte oração, e se você for realmente sincero nisso, experimentará uma nova vida em Cristo.

> **Pai,**
>
> **Tu amaste tanto o mundo, que deste o Teu único Filho para morrer pelos nossos pecados para que todo aquele que crê nele não pereça, mas tenha vida eterna.**
>
> **Tua Palavra diz que somos salvos pela graça, mediante a fé como um dom de Ti. Não há nada que possamos fazer para conquistar a salvação.**
>
> **Creio e confesso com a minha boca que Jesus Cristo é o Teu filho, o Salvador do mundo. Creio que Ele morreu na cruz por mim e levou todos os meus pecados, pagando o preço por eles. Creio em meu coração que Tu ressuscitaste Jesus dentre os mortos.**
>
> **Eu Te peço que perdoes os meus pecados. Confesso Jesus como meu Senhor. De acordo com a Tua Palavra, sou salvo e passarei a eternidade contigo! Obrigado, Pai, sou tão grato! Em nome de Jesus, amém.**

Ver João 3:16; Efésios 2:8,9; Romanos 10:9,10; I Coríntios 15:3, 4; I João 1:9; 4:14-16; 5:1;12,13.

Notas Finais

INTRODUÇÃO

1. Gálatas 5:22,23.

2. I Coríntios 12:1, ver também I Coríntios 12:8-10.

3. Ver I Coríntios 12:1;4-7 e I Coríntios 12:31.

4. *"Busquem o amor, mas desejem ardentemente os dons espirituais, mas principalmente que vocês profetizem"* (I Coríntios 14:1).

5. *"Mas desejai ardentemente os melhores dons. E eu lhes mostrarei um caminho ainda mais excelente"* (I Coríntios 12:31).

6. *"Mas desejai ardentemente e com zelo cultivai os maiores e melhores dons e graças (os dons mais elevados e as graças mais escolhidas). E, no entanto, eu vos mostrarei um caminho ainda mais excelente [um caminho que é muito melhor e superior a todos eles — o amor]* (I Coríntios 12:31, AMP).

7. I Coríntios 12:9.

8. Vemos, com base no valor colocado sobre o amor em I Coríntios 13, que o amor deve ser a base dos nossos atos e da nossa expressão. O capítulo fornece diversos exemplos de dons ou atributos que podemos ter ou de atos que podemos praticar e que não têm qualquer sentido sem amor.

A descrição da expressão do amor mostra os atributos de todos os frutos do Espírito, permitindo-nos ver que eles derivam do fruto do amor. Todos os frutos derivam do amor de Deus porque Deus é amor.

Notas Finais

9. "... *Deus é amor*" (1 João 4:8).

10. Mateus 12:33.

11. "*Cuidado com os falsos profetas. Eles vêm a vocês vestidos de peles de ovelhas, mas por dentro são **lobos** devoradores. Vocês os reconhecerão por seus frutos. Pode alguém colher uvas de um espinheiro ou figos de ervas daninhas? Semelhantemente, toda árvore boa dá frutos bons, mas a árvore ruim dá frutos ruins. A árvore boa não pode dar frutos ruins, nem a árvore ruim pode dar frutos bons. Toda árvore que não produz bons frutos é cortada e lançada ao fogo. Assim, **pelos seus frutos, vocês os reconhecerão!**" (Mateus 7:15-20).

12. "*Com isso todos saberão que vocês são meus discípulos, se vocês se amarem uns aos outros*" (João 13:35).

13. O amor de Deus por nós faz com que nós o amemos (ver 1 João 4:19; João 3:16). A Sua bondade, ou benignidade (fruto do Espírito), leva-nos ao arrependimento (ver Romanos 2:4).

14. Ver Salmos 34:8.

15. Ver Provérbios 11:30.

16. Ver João 10:10.

17. "*Vocês mesmos são a nossa carta, escrita em nosso coração, conhecida e lida por todos. Vocês demonstram que são uma carta de Cristo, resultado do nosso ministério, escrita não com tinta, mas com o Espírito do Deus vivo, não em tábuas de pedra, mas em tábuas de corações humanos*" (2 Coríntios 3:2,3).

"*[Não] vocês são a nossa carta de recomendação (as nossas credenciais), escrita em seus corações, a ser conhecida (entendida, reconhecida) e lida por todos. Vocês demonstram e deixam claro que são uma carta de Cristo entregue por nós, não escrita com tinta...*" (AMP).

18. Salmos 34:8.

19. Ver Salmos 34:8.

20. Salmos 34:10.

CAPÍTULO 1

1. "*Esta é a palavra do Senhor para Zorobabel: 'Não por força nem por violência, mas pelo meu Espírito', diz o Senhor dos Exércitos*" (Zacarias 4:6, NVI). Vemos a partir do versículo mencionado que podemos atuar não pela nossa força nem pelo nosso poder, mas pelo Espírito do Senhor.

2. Ver Efésios 4:8; 1 Coríntios 12:1;4-11.

CAPÍTULO 2

1. Ver Romanos 12:4-8.

2. Ver I Coríntios 12:4-7;11.

3. "A Sua intenção foi o aperfeiçoamento e o pleno equipamento dos santos à obra do ministério no sentido de edificar o corpo de Cristo (a igreja)" (Efésios 4:12).

4. Efésios 4:11.

5. Ver Efésios 4:8;11-16.

6. I Coríntios 12:1;4-11.

7. I Coríntios 12:7.

8. *"O corpo não é feito de um só membro, mas de muitos... Se todo o corpo fosse olho, onde estaria a audição? Se todo o corpo fosse ouvido, onde estaria o olfato? De fato, Deus dispôs cada um dos membros no corpo, segundo a sua vontade. Se todos fossem um só membro, onde estaria o corpo? Assim, há muitos membros, mas um só corpo"* (I Coríntios 12:14;17-20).

9. Ver Gálatas 5:19-23.

10. Ver Gálatas 5:25,26.

11. Ver João 1:23.

12. João 3:26.

13. João 3:27.

14. Romanos 12:8.

15. I Coríntios 12:28.

16. Ver Romanos 12:6-8.

17. Ver Provérbios 28:20.

18. Ver Salmos 75:6,7

CAPÍTULO 3

1. *"A respeito dos dons espirituais, não quero, irmãos, que tenhais desconhecimento"* (I Coríntios 12:1).

2. Ver I Coríntios 14:12.

3. *"Assim igualmente vós. Visto que estais desejosos por exercer os dons espirituais, procurai amadurecer naqueles que produzem edificação para todo o corpo de Cristo"* (I Coríntios 14:12). *"Assim, também vós, visto que desejais dons espirituais, que seja para a edificação da igreja que buscais vos sobressair"* (ARA).

Notas Finais

"Assim seja com vocês, uma vez que estão tão ansiosos e ambiciosos por possuir dons espirituais e manifestações do Espírito [Santo], [concentrem-se em] esforcem-se por sobressair e por possuir uma abundância deles de forma a edificar a igreja" (AMP).

4. Ver Efésios 4:11,12.

5. Discutindo as qualificações de um líder (I Timóteo 3:1-13) — um *bispo* ou *diácono* (versículo 2) nesse caso — Paulo menciona que não se deve escolher um *recém-convertido* porque ele poderia se *ensoberbecer* (versículo 6).

6. I Coríntios 12:31.

7. I Coríntios 14:1.

8. *"Portanto, que diremos, irmãos? Quando vocês se reúnem... Tudo seja feito para a edificação da igreja"* (I Coríntios 14:26).

"Qual, então, irmãos, é o caminho certo? Quando vos reunis... que tudo seja construtivo, edificante e para o bem de todos" (AMP).

9. *"... quem profetiza é superior ao que fala em outras línguas, salvo se as interpretar, para que a igreja receba edificação"* (I Coríntios 14:5).

10. *"Se, pois, toda a igreja se reunir no mesmo lugar, e todos se puserem a falar em outras línguas, no caso de entrarem indoutos ou incrédulos, não dirão, porventura, que estais loucos? Porém, se todos profetizarem, e entrar algum incrédulo ou indouto, é ele por todos convencido e por todos julgado; tornam-se-lhe manifestos os segredos do coração, e, assim, prostrando-se com a face em terra, adorará a Deus, testemunhando que Deus está, de fato, no meio de vós"* (I Coríntios 14:23-25).

11. *"Gostaria que todos vocês falassem em línguas, mas prefiro que profetizem..."* (I Coríntios 14:5).

12. *"Dou graças a Deus por falar em línguas mais do que todos vocês"* (I Coríntios 14:18).

13. Ver I Coríntios 14:5.

14. I Coríntios 14:4.

15. I Coríntios 14:2.

16. I Coríntios 14:3.

17. Ver AMP e NVI.

CAPÍTULO 4

1. I Samuel 16:7.

2. Hebreus 10:25.

3. Gênesis 1:28.

Segredos para uma Vida Excepcional

4. *Noah Webster's First Edition of an American Dictionary of the English Language* (San Francisco: the Foundation for American Christian Education, 1967 e 1995 por Rosalie J. Slater. Permissão para reimpressão da edição de 1828 concedida por G. & C. Merriam Company), s.v. "frutífero".

5. Mateus 21:19.

6. Mateus 21:18,19.

7. *"Raça de víboras, como podeis falar coisas boas, sendo maus? Porque a boca fala do que está cheio o coração. O homem bom tira do tesouro bom coisas boas; mas o homem mau do mau tesouro tira coisas más"* (Mateus 12:34,35, ARA).

8. 2 Coríntios 5:20.

CAPÍTULO 5

1. Ver Salmos 1:1-3, AMP.

2. 1 Coríntios 12:1.

3. *"Sabeis que, outrora, quando éreis gentios, deixáveis conduzir-vos aos ídolos mudos, segundo éreis guiados. Por isso, vos faço compreender que ninguém que fala pelo Espírito de Deus afirma: Anátema, Jesus! Por outro lado, ninguém pode dizer: Senhor Jesus!, senão pelo Espírito Santo"* (1 Coríntios 12:2,3).

"Por isso, vos faço compreender que ninguém que fala sob o poder e a influência do Espírito Santo de Deus afirma: 'Anátema, Jesus!' Por outro lado, ninguém pode realmente dizer: 'Jesus é meu Senhor', senão sob o poder e a influência do Espírito Santo" (v. 3, AMP).

"Vocês estão lembrados de que, antes de se tornarem cristãos, andavam para lá e para cá, de um ídolo a outro, nenhum dos quais podia falar uma única palavra. Agora, porém, vocês estão encontrando pessoas que alegam que transmitem mensagens da parte do Espírito de Deus. Como é que vocês podem saber se elas são realmente inspiradas por Deus ou se são embusteiras? Eis o critério: Ninguém, falando pelo poder do Espírito de Deus, pode amaldiçoar Jesus, e ninguém pode dizer 'Jesus é Senhor', e expressar isso realmente sem que o Espírito Santo o esteja ajudando" (vv. 2,3, ABV).

4. Ver Mateus 7:15-20.

5. Mateus 7:18.

6. Mateus 24:4.

7. Mateus 24:24.

8. Mateus 24:3-6;11;23,24.

9. Ver Provérbios 1:20-33; 2:6; 16:16.

Notas Finais

10. Ver Isaías 28:26; Provérbios 2:10,11.

11. Ver I Reis 3:7-14.

12. I Coríntios 12:10 ARA, NVI.

13. Ver I Coríntios 2:10.

14. Em 2 Coríntios 10:4,5, aprendemos a *"...destruir fortalezas... argumentos e toda pretensão que se levanta contra o conhecimento de Deus, e levamos cativo todo pensamento, para torná-lo obediente a Cristo."* Se passarmos tempo demais tentando entender as coisas que não podemos entender, em vez de nos concentrarmos em manter o nosso pensamento alinhado com a Palavra de Deus, podemos ficar confusos.

15. Mateus 12:34.

16. Provérbios 10:12.

CAPÍTULO 6

1. Filipenses 4:7.

2. Isaías 9:6.

3. Ver I Pedro 5:6,7; Romanos 8:28.

4. Gálatas 5:22.

5. Salmos 1:1-3.

6. *"... sabendo que não foi mediante coisas corruptíveis, como prata ou ouro, que fostes resgatados do vosso fútil procedimento que vossos pais vos legaram, mas pelo precioso sangue, como de cordeiro sem defeito e sem mácula, o sangue de Cristo, pois fostes regenerados não de semente corruptível, mas de incorruptível, mediante a palavra de Deus, a qual vive e é permanente"* (I Pedro 1:18,19;23, ARA).

7. I João 1:9.

CAPÍTULO 7

1. Romanos 5:5.

2. I Coríntios 13:2.

3. I Coríntios 13:1.

4. I Coríntios 13:2.

5. Ver I João 3:18.

6. Filipenses 1:9, AMP.

7. Filipenses 1:10.

8. Daniel 6:3.

CAPÍTULO 8

1. Mateus 12:34.

2. Ver Mateus 5:13-16.

3. Ver João 8:12.

4. Ver 2 Coríntios 5:20.

5. 1 Coríntios 1:9.

6. *American Dictionary of the English Language*, 10ª edição (San Francisco: Foundation for American Christian Education, 198). Fac-símile da edição de 1828 de Noah Webster, permissão para reimpressão por G. & C. Merriam Company, copyright 1967; 1995 (Renovação) por Rosalie J. Slater, s.v. "fiel".

7. *American Dictionary of the English Language*, s.v. "fielmente".

8. Provérbios 17:17.

9. *"Se formos infiéis, ele permanece fiel, pois não pode negar a si mesmo"* (2 Timóteo 2:13).

10. Ver Mateus 25:21-23.

CAPÍTULO 9

1. *"Bom e justo é o Senhor; por isso mostra o caminho aos pecadores"* (Salmos 25:8).

2. *"Como é grande a tua bondade, que reservaste para aqueles que te temem, e que, à vista dos homens, concedes àqueles que se refugiam em ti!"* (Salmos 31:19).

3. Salmos 31:19.

4. Salmos 23:6.

5. Êxodo 33:20-23.

6. Atos 9:3-6.

7. Salmos 27:13.

8. João 14:6.

9. João 14:27.

10. Salmos 103:20.

11. *"Contudo, o Senhor espera [com ansiedade e ardente expectativa] o momento de ser bondoso com vocês..."* (Isaías 30:19, AMP).

12. Gênesis 37:3-5.

Notas Finais

13. Ver Gênesis 50:20.

14. Romanos 8:28.

15. Gálatas 6:10.

16. I Timóteo 6:17,18.

CAPÍTULO 10

1. Marcos 4:26-28.

2. Para mais detalhes sobre o assunto, veja meu livro *Enjoying Where You Are on the Way to Where You Are Going.*

3. Ver Salmos 7:9.

4. Ver I Pedro 5:7.

5. Deuteronômio 8:2.

6. I Coríntios 10:13.

7. Ver Romanos 8:16,17; 2 Coríntios 5:17.

CAPÍTULO 11

1. Com base na definição do Webster's II New College Dictionary (Boston/New York: Houghton Mifflin Company, 1995), s.v. "misericórdia".

2. Brown, Driver, Briggs, Gesenius. "Lançamento no Hebrew Lexicon para Checked". *The KJV Old Testament Hebrew Lexicon.* Disponível em: http://www.biblestudytools.net/Leicons/Hebrew/heb.cgi?number=2617&version=kjv, s.v. "bondade".

3. Mateus 5:44.

4. I João 4:8.

5. Ver Romanos 2:4.

6. Romanos 12:19.

7. Mateus 5:7.

8. Gálatas 6:7.

9. Ver Marcos 2:17.

10. Romanos 8:1.

11. I Timóteo 1:13.

12. Atos 8:3.

13. Lucas 23:34.

14. Atos 7:60.

Segredos para uma Vida Excepcional

CAPÍTULO 12

1. Hebreus 10:12,13.
2. Filipenses 4:7.
3. I Pedro 1:8.
4. Ver Gênesis 8:22.
5. Ver Romanos 12:16;18.
6. Neemias 8:10.
7. Ver Lucas 10:1;5;9.
8. Ver 2 Coríntios 6:16.
9. Marcos 4:39.
10. Deuteronômio 8:5.
11. João 8:32.
12. 2 Coríntios 5:17.
13. Filipenses 4:13.
14. João 13:34.

CAPÍTULO 13

1. I Samuel 15:17.
2. Ver Mateus 23:27.
3. Hebreus 11:6.
4. 2 Coríntios 1:10.
5. *American Dictionary of the English Language*, s.v. "humildade".
6. I Timóteo 3:6.
7. Filipenses 4:13.
8. João 15:5.
9. Lucas 22:31,32.
10. Marcos 14:71.
11. I Pedro 5:5.
12. I Pedro 5:6.

CAPÍTULO 14

1. Com base em definição do American Dictionary of the English Language. s.v, "alegria".
2. Com base em definição do American Dictionary of the English Language, s.v. "alegria".

Notas Finais

3. Com base em definição de James Strong, "Dictionary of the Words in the Greek Testament" no Strong's Exaustive Concordance of the Bible (Nashville, Abingdon, 1890), p. 77, lançamento nº 5479, s.v. "alegria", Gálatas 5:22.

4. Êxodo 3:14.

5. Efésios 5:18,19.

6. Salmos 18:29.

7. Deuteronômio 30:19.

8. João 10:10.

9. Ver Deuteronômio 1:29.

10. Ver 2 Coríntios 5:21.

11. 2 Coríntios 5:17.

12. Ver Eclesiastes 3:4.

13. Ver Salmos 3:3.

14. Deuteronômio 34:8.

15. Salmos 30:5.

16. Joel 3:14.

17. Josué 1:2,3.

18. Ver 1 Samuel 9:15-27.

19. Ver Salmos 92:10; 112:9.

CAPÍTULO 15

1. 1 Coríntios 12:7.

2. João 13:34,35.

3. 1 Coríntios 11:1.

4. Tiago 3:8.

5. Gálatas 6:9.

6. Provérbios 10:19, ARA

7. Com base em definição do Webster's II New College Dictionary (Boston/New York: Houghton Mifflin Company, 1995), s.v. "prudente".

8. 1 Pedro 5:8.

CONCLUSÃO

1. Ver Mateus 5:13.

2. Ver Mateus 5:14.

Sobre a Autora

Joyce Meyer é uma das líderes no ensino prático da Bíblia no mundo. Renomada autora de *best-sellers* pelo *New York Times*, seus livros ajudaram milhões de pessoas a encontrarem esperança e restauração através de Jesus Cristo.

Através dos *Ministérios Joyce Meyer*, ela ensina sobre centenas de assuntos, é autora de mais de 80 livros e realiza aproximadamente quinze conferências por ano. Até hoje, mais de doze milhões de seus livros foram distribuídos mundialmente, e em 2007 mais de três milhões de cópias foram vendidas. Joyce também tem um programa de TV e de rádio, *Desfrutando a Vida Diária*®, o qual é transmitido mundialmente para uma audiência potencial de três bilhões de pessoas. Acesse seus programas a qualquer hora no site www.joycemeyer.com.br

Após ter sofrido abuso sexual quando criança e a dor de um primeiro casamento emocionalmente abusivo, Joyce descobriu a liberdade de viver vitoriosamente aplicando a Palavra de Deus à sua vida, e deseja ajudar outras pessoas a fazerem o mesmo. Desde sua batalha contra um câncer no seio até as lutas da vida diária, Joyce Meyer fala de forma aberta e prática sobre sua experiência, para que outros possam aplicar o que ela aprendeu às suas vidas.

Ao longo dos anos, Deus tem dado a Joyce muitas oportunidades de compartilhar seu testemunho e a mensagem de mudança de vida do Evangelho. De fato, a revista *Time* a selecionou como uma das mais influentes líderes evangélicas dos Estados Unidos. Sua vida é um incrível testemunho do dinâmico e restaurador trabalho de Jesus Cristo. Ela crê e ensina que, independente do passado da pessoa ou dos erros cometidos, Deus tem um lugar para ela, e pode ajudá-la em seus caminhos para desfrutar a vida diária.

Joyce tem um merecido PhD em teologia pela Universidade Life Christian em Tampa, Flórida; um honorário doutorado em divindade pela Universidade Oral Roberts em Tulsa, Oklahoma; e um honorário doutorado em teologia sacra pela Universidade Grand Canyon em Phoenix, Arizona. Joyce e seu marido, Dave, são casados há mais de quarenta anos e são pais de quatro filhos adultos. Dave e Joyce Meyer vivem atualmente em St. Louis, Missouri.